国家电网公司科技项目"快充模式下电动汽车充电设施运营关键技术研究及应用"资助项目号 YD71-15-032

电动汽车快充网络运营技术

Operation Technology Of Fast Charging Network For Electric Vehicle

主　　编　刘　畅

副主编　李　斌　郭炳庆　刘　强

参编人员　史双龙　唐艳芬　杨　硕　李晓强　张　晶　麻秀范

　　　　　邹　文　邹丹平　赵　新　周　琪　牛蔚然　赵　乐

　　　　　陈晓楠　迟忠君　武国良　张　剑　李　昊　苗　博

　　　　　林晶怡　李春红　郭小菱

中国电力出版社

CHINA ELECTRIC POWER PRESS

内 容 提 要

快速充电是新兴的电动汽车能源补给方式。本书从电动汽车能源补给方式转型及其影响出发,介绍快充模式下电动汽车充换电设施运营关键技术,对开展电动汽车充电网络的规划、建设、运营有着重要意义与指导作用。

本书主要内容为：电动汽车产业发展概述,电动汽车充换电技术与充电网络发展情况,电动汽车充换电运营模式及关键技术,电动汽车充电、停车需求分析及计费影响因素,电动汽车快充站分时分段计费策略及实现方法,电动汽车快充站运营监控系统设计,快充模式下电动汽车充电设施运营经济性能评价,电动汽车快充设施项目盈亏平衡与敏感性分析,快充模式下电动汽车充电设施技术综合评价体系。

本书可供相关政府部门、充换电设施建设单位,以及电动汽车充换电技术领域研究人员阅读参考。

图书在版编目（CIP）数据

电动汽车快充网络运营技术／刘畅主编 . —北京：中国电力出版社,2017.7
ISBN 978-7-5198-1101-3

Ⅰ . ①电… Ⅱ . ①刘… Ⅲ . ①电动汽车－充电－网络服务－运营管理 Ⅳ . ① F540.5

中国版本图书馆 CIP 数据核字（2017）第 302614 号

出版发行：中国电力出版社
地　　址：北京市东城区北京站西街 19 号（邮政编码 100005）
网　　址：http://www.cepp.sgcc.com.cn
责任编辑：杨　扬
责任校对：朱丽芳
装帧设计：郝晓燕　赵姗姗
责任印制：杨晓东

印　　刷：北京九天众诚印刷有限公司
版　　次：2017 年 7 月第一版
印　　次：2017 年 7 月北京第一次印刷
开　　本：787 毫米 ×1092 毫米　16 开本
印　　张：11.25
字　　数：212 千字
印　　数：0001—2000 册
定　　价：58.00 元

前　言

　　近年来，环境污染和能源危机问题日趋严重，汽车尾气成为城市空气污染的主要来源。以汽油、柴油为主要能源的汽车在给人类带来更加方便、舒适生活的同时也消耗着有限的石油资源。电动汽车由高性能电池驱动，实现了"以电代油"，是未来绿色交通的理想载体，因此，得到了各国政府、工业界和科技界的高度重视。经过自 20 世纪 90 年代以来动力电池技术的迅速发展和充电设施网络的逐步构建，目前，电动汽车在性能和经济性方面已经接近甚至优于传统的燃油汽车，市场已初具规模。

　　电动汽车以其节能、环保的优势，成为我国实施能源持续利用战略和低碳经济转型的重要途径。2016 年我国纯电动汽车产销分别为 41.7 万辆和 40.9 万辆。从保有量来看，中国新能源汽车保有量达 109 万辆，位居世界第一，与 2015 年相比增长 86.9%。其中，纯电动汽车保有量为 74.1 万辆，占新能源汽车总量的 67.98%，与 2015 年相比增长 223.19%。为支撑电动汽车的推广应用，我国同步开展了充电网络建设。截至 2017 年 6 月底，我国电动汽车公共类充电桩达到 17 万个，加上私人充电桩，充电桩总数已经超过 30 万个。

　　我国政府高度重视电动汽车及充电设施产业的发展，近年出台了多项产业激励政策。为加快以电动汽车为主体的新能源汽车的推广应用，促进汽车产业转型升级，2012 年国务院印发《节能与新能源汽车产业发展规划（2012—2020 年）》，明确了我国节能与新能源汽车发展的技术路线和主要目标；2015 年国务院办公厅印发《关于加快电动汽车充电基础设施建设的指导意见》（国办发〔2015〕73 号），大力推进充电基础设施建设；2015 年 10 月国家发改委印发的《电动汽车充电基础设施发展指南（2015—2020 年）》中规划，到 2020 年，全国将新增集中式充换电站 1.2 万座，分散式充电桩 480 万个，以满足全国 500 万辆电动汽车充电需求。

　　快速充电又称应急充电，在短时间内就能使电池储电量达到 80% 以上，与加油时间相仿。相比交流充电，电动汽车快速充电技术能有效地解决电动汽车对快速能源补给的需求，可以降低电动汽车对电池容量的要求，间接延长驾驶里程，降低驾驶员对长途行驶中能量补充速度的担忧，大大提升用户体验的满意度，是电动汽车市场满意度的关键。在近年各大汽车厂商推出的电动汽车产品中，普遍设计了可以实现快速充电的电池系统。随着技术的不断发展，电动汽车的充电时间也在逐渐缩短。通过对 2009—2014 年上市后销量领先的纯电动汽车充满电所需时间统计发现，充电时间在大趋势上不断缩短，快充模式必将是电动汽车能量补给的发展趋势。

根据我国电动汽车发展的战略和目前电动汽车充电需求，高速公路服务区、城市内公共区域等场所快速充电方式将成为电动汽车能源补给的重要方式，但目前直流快充桩和交流慢充桩配置比例严重失衡（直流与交流约为1∶4），交流充电桩数量远远大于直流快充桩，而实际快速充电的需求远大于交流慢充，因此急需加大公共区域直流快充桩的建设布局。建设电动汽车快充网络，推动电动汽车规模化发展，是落实国家节能减排政策、解决大气污染、治理雾霾天气的重要途径；也是国家实施电能替代，推进以电代油的重要举措。

为适应快速充电方式将成为公共充电设施发展的关键环节的新形势，我国积极构建电动汽车城市公共快充网络和城际互联快充网络。为了指导电动汽车充换电服务网络建设，国家和国家电网公司等相关部门先后出台了一系列电动汽车充电基础设施支持政策和规划文件。《电动汽车充电基础设施发展指南》指出：加快建设以用户居住地停车位、单位内部停车场、公交及出租等专用场站配建的专用充电基础设施为主体，以城市公共建筑物配建停车场、社会公共停车场、路内临时停车位配建的公共充电基础设施为辅助，以独立占地的城市快充站、换电站和高速公路服务区配建的城际快充站为补充，以充电智能服务平台为支撑，加快建设适度超前、布局合理、功能完善的充电基础设施体系。鼓励建设占地少、成本低、见效快的机械式与立体式停车充电一体化设施。对于公交、环卫、机场通勤等定点定线运行的公共服务领域电动汽车，应根据线路运营需求，优先在停车场站配建充电设施，沿途合理建设独立占地的快充站和换电站。充分利用高速公路服务区停车位建设城际快充站。优先推进京津冀鲁、长三角、珠三角区域城际快充网络建设，适时推进长江中游城市群、中原城市群、成渝城市群、哈长城市群城际快充网络建设，到2020年初步形成覆盖大部分主要城市的城际快充网络，满足电动汽车城际、省际出行需求。由此看出，在城市内、高速路等公共区域建设快充网络已经成为国家层面的发展重点，通过构建公共快充网络，将有效支撑电动汽车的出行充电需求。

随着我国大力推进电动汽车规模化发展的战略方针逐步落实，电动汽车及其快充技术的逐步成熟和深化应用，电动汽车城市公共快充网络和城际互联快充网络正逐步形成，但充电设施现有运营模式与其发展模式不相适应。亟需开展快充模式下电动汽车充电设施运营关键技术研究，研究电动汽车快充站分时分段计量计费策略及实现方法，研发电动汽车快充站运营监控系统及其与站级监控系统的接口，进而开展快充模式下电动汽车充电设施运营成本收益、经济性能指标和计算模型并形成经济性能评价体系，推进电动汽车及其充换电技术发展，为解决化石能源枯竭、大气污染等问题提供坚强有力的技术支撑。

编　者

目　录

电动汽车产业发展概述

目前，全球发展面临着化石能源供应短缺、生态环境日益恶化等严峻挑战，能源与环境问题已经成为各国急需解决的重大战略问题。电动汽车具有节能、环保的优势，大力发展电动汽车、实现交通能源全面转型，已被世界各国普遍确立为实施能源持续利用战略和低碳经济转型的有效途径和重要措施。

电动汽车是新能源汽车的一种类型，是我国重点发展的新能源汽车。电动汽车是指以车载电源为动力，部分或全部由电机驱动车轮行驶，符合道路交通、安全法规各项要求的车辆。根据《电动汽车术语》（GB/T 19596—2004），电动汽车根据车载动力系统的不同分为三种形式，主要包括纯电动汽车（BEV）、燃料电池电动汽车（FCEV）、混合动力电动汽车（HEV）。其中，混合动力电动汽车一般分为串联式混合动力电动汽车（SHEV）、并联式混合动力电动汽车（PHEV）和混联式混合动力电动汽车（PSHEV）。而插电式混合动力汽车作为新式的混合动力汽车，在电池容量、充电方式和行驶模式等方面都有所提升，得到了广泛的推广和应用。

当前，燃料电池汽车在我国尚未实现批量生产。本书中提及的电动汽车主要指我国重点发展并已实现批量生产的纯电动汽车和插电式混合动力汽车。

（1）纯电动汽车（Battery Electric Vehicle，BEV）。纯电动汽车指完全由蓄电池提供动力的汽车，它以车载可充电电池为储能方式，靠电动机来驱动车辆。纯电动汽车在节能技术上采用能量回收技术，可纯电动行驶超过 100km，电池类型为能量型电池，带电量一般为 20～30kWh。

纯电动汽车当前发展较快，关键技术和性能指标持续提升，产业规模迅速增长，截止到 2016 年 12 月底，全球保有量超过 120 万辆。近年来，纯电动汽车保持了较高的增速，各国相继推出代表车型。随着动力电池、驱动电机和电控系统等相关技术的进步，电动汽车的续驶里程、动力电池比功率等关键指标逐渐得到提升，也推动了全球新能源汽车市场的稳步增长。代表车型如日本日产的 Leaf、美国特斯拉的 Model S 等，均已有较大的销量。从趋势上看，未来电动汽车将追求续驶里程、充电便利性与使用用途之间的均衡，其中动力电池和充电技术最为关键。

（2）插电式混合动力电动汽车（Plug-in hybrid electric vehicle，PHEV）。插电式混合动力汽车是新型的混合动力电动汽车。插电式混合动力汽车既可以燃油驱动，也可以动力蓄电池驱动，既可以加油获取燃油驱动，也可以通过充电获取电能驱动。由于理论上插电式混合动力汽车以电能驱动为主，发动机只在纯电行驶里程不足时起补充保障作用，故归入新能源汽车中。插电式混合动力汽车在节能技术上采用发动机启停、电机助力、能量回收技术，可纯电动行驶 20～60km，电池类型为功率/能量型电池，带电量一般为 5～8 kWh。

插电式混合动力汽车与普通混合动力汽车的区别：普通混合动力车的电池容量很小，仅在启/停、加/减速的时候供应/回收能量，不能外部充电，不能用纯电模式较长距离行驶；插电式混合动力车的电池相对较大，可以外部充电，可以用纯电模式行驶，电池电量耗尽后再以混合动力模式（以内燃机为主）行驶，并适时向电池充电。

插电式混合动力汽车技术已较为成熟，正逐步进入规模化阶段，截止到 2016 年 12 月底，全球保有量超过 80 万辆。国外已对混合动力发动机、动力耦合装置、动力电池等关键技术进行了深入开发，已有一些成熟车型量产，并取得了一定的销量积累，代表车型包括美国通用 Volt、日本丰田普锐斯插混版、德国宝马 530Le 等。欧洲在电机与电机控制器等关键零部件领域有优势，日本在混合动力系统开发及动力电池方面实力较强。目前，插电式混合动力车型呈现出纯电行驶里程增长、发动机热效率提高的发展趋势，降低汽车油耗的效果日益明显。

1.1 国内外电动汽车产业发展现状

1.1.1 国外电动汽车产业发展现状

2017 年 5 月国际能源署（IEA）发布的报告《Global EV Outlook 2017（2017 全球电动车展望)》中指出，2016 年，电动汽车的销量创下了新纪录，全世界销售量超过 75 万辆，截止到 2016 年 12 月底，全球插电式汽车的保有量超过了 200 万辆，其中有 61％是纯电动汽车，39％是插电式混合动力汽车。挪威拥有 29％的市场份额，取得了全球市场电动汽车最大的市场占有率。其次是荷兰，电动汽车市场占有率为 6.4％，瑞典为 3.4％。中国，法国和英国电动汽车的市场份额接近 1.5％。中国是目前世界上最大的电动汽车市场，在世界上销售的电动汽车总量中占比达到 40％以上，是美国销售量的两倍多。

全球电动汽车的保有量在 2015 年超过 100 万辆之后，在 2016 年突破性地超过了 200 万辆（见图 1-1）。

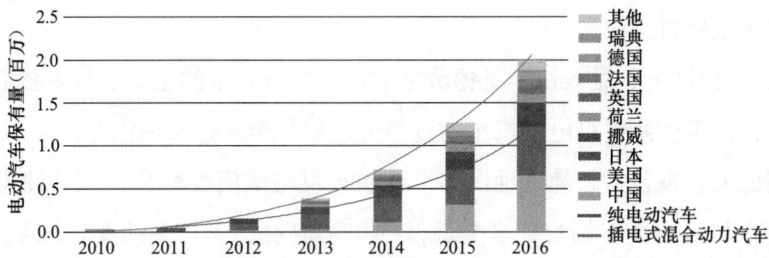

图 1-1　2010—2016 年全球电动车保有量的演化

注：电动车保有量是指 2005—2016 年累计销售额。电动车保有量自 2010 年开始攀升，纯电动汽车逐
　　渐超过插电式混合动力汽车。全球电动汽车的 80％分布于美国、中国、日本、荷兰和挪威。

1. 国外电动汽车产业政策环境

国际大多数发达地区已基本构建较完善政策体系，具有以政府规划目标为引导、以财税大力扶持为重点、注重配套基础设施等特点。

（1）美国。美国通过多项政策推动电动汽车产业发展：

一是美国联邦政府的燃油经济性标准（CAFE）。大幅提高燃油经济性指标的目标，由美国国家环保局（EPA）给予电动汽车较高的燃油经济性指标，从而间接推动各大车企提高生产电动汽车的占比。

二是美国加州空气管理委员会（CARB）的零排放汽车（ZEV）法案，已在 10 多个州应用，明确了零排放汽车（主要是燃料电池与纯电动汽车）的比例指标要求，对于不达标车企，按照 5000 美元/辆进行罚款，并允许车企相互交易指标。

三是在生产环节为电动汽车企业提供巨额政府贷款。美国能源部启动了"先进技术汽车厂商贷款计划（ATVMLP）"，自 2009 年起，累计为福特、通用、日产、Tesla、Fisker 等企业提供了 84 亿美元的贷款。

四是在消费环节为电动汽车提供财税优惠，并终止了对常规混合动力等节能汽车的补贴。美国联邦政府自 2011 年取消了对常规混合动力等车型补贴，集中力量扶持电动汽车，如为电动乘用车提供最高 7500 美元补贴，并且将补贴退出条件设置为单个厂商 20 万辆的较高标准。

五是在基础设施环节提供政府补贴，资助示范推广项目。美国联邦政府为基础设施建设提供高达 30％补贴，个人最高 1000 美元；商业机构最高 3 万美元。能源部出资支持了 EVProject 和 Chargepoint 两个计划，支持了数万个充电桩的安装。目前正在清洁城市计划中为充电设施提供支持。

六是修改公寓与商业设施建设管理规定，明确配套建设充电设施要求。立法界定充电服务与公共供电服务界面，鼓励市场化定价和运营。在政府机构内部推广充电设施建设，开展州政府的示范项目。

（2）挪威。"力度大、见效快"是挪威电动汽车发展政策的主要特征，核心是通过中央和地方两层扶持政策体系使得电动汽车的竞争力达到甚至超过燃油汽车。

在中央层面的政策包括：纯电动汽车享有购置税与增值税减免优惠，使得纯电动汽车的购置价格基本与燃油汽车相当；享受最低的年车船税优惠，大约能优惠 2000～3000 元（人民币）/年；鼓励单位和员工使用电动汽车，提供相关税收优惠政策；在基础设施环节提供政府补贴，提供公共充电服务平台，2009 年由挪威政府出资成立了 Transnova，作为支持充电设施建设的平台机构，负责维护所有公共充电设施基础数据库，对外开放数据接口。Transnova 为慢充设施提供最高约 3 万元（人民币）的补助；为快充站提供最高约 20 万元（人民币）的补助。

在地方层面的政策包括：允许使用公交车道；减免高速公路收费；减免国家渡口的渡船票费用；提供市政公共停车费减免优惠；在基础设施环节提供政府补贴；奥斯陆政府、Akershus 政府均提供最高 60％和约 1 万元（人民币）的补助。

（3）日本。为了推广电动汽车应用，日本政府通过现金补贴、税收优惠、政策补助等多方面给予扶持。日本政府在 2010 年公布了《下一代汽车战略 2010》，提出到 2020 年插电式混合动力电动汽车的市场占比达到 15％～20％。主要包括以下政策。

直接补贴政策：清洁能源汽车补贴，补贴比例不超过与原型车差价的 1/2，限额为 100 万日元；充电设施补贴，补贴充电器购置和安装工程费总金额的 2/3，20 万～333 万日元不等；氢燃料设备补贴；高速公路通行费补贴。

税收优惠政策：日本于 2009 年 4 月 1 日起实施"绿色税制"和"环保车辆减税"制度。"绿色税制"规定适当降低环保车辆税率，同时提高非环保车辆税率。"环保车辆减税"制度规定日本的下一代汽车及其他经认可的低耗油、低排放的传统车可减免购置税和重量税。

示范推广政策：2009 年，日本经济产业省提出"BEV/PHEV 城市"倡议，在 18 个地区建设电动汽车运行示范区，由地方政府制订相应的电动汽车推广计划，试图由点带面地推动 BEV/PHEV 的全面普及。

其他配套支持政策：日本《下一代汽车战略 2010》特别从稀有金属资源、汽车价值链、电力和信息网络链接、新型城市建设等方面强调了资源和系统的重要性，在部分领域提出明确要求和政策措施。

（4）德国。德国明确提出了到 2020 年电动汽车保有量达到 100 万辆，为此制订了详细的市场推广计划（准备—推广—规模化）。2007 年发布《综合能源与气候计划》，将电动交通工具作为主要推广内容之一，提出需要制订德国在电动交通工具领域的发展规划；2009

年发布《国家电动交通发展计划》，提出到 2020 年电动汽车保有量达到 100 万辆，到 2030 年增至 600 万辆，设立"国家电动汽车平台"（NPE）；2011 年提出电动汽车推广阶段计划，市场准备阶段（5 年），市场推广阶段（3 年），规模化市场形成阶段（3 年）。

德国针对消费者购买电动汽车已经落实了多项财政激励政策。主要有两项，第一项是 2016 年之前注册的 BEV 免征保有税长达十年，而 2016—2020 年注册的 BEV 免征保有税 5 年（联邦司法和消费者保护部，2015）；第二项激励措施适用于公司用电动汽车，德国对私用公司用车所产生的获益进行征税，这一获益通常计算为将车辆标价的 1% 加到个人月收入中，自 2013 年以来，车辆中每储存 1kWh 的电能，标价就降低 500 欧元。2013 年以后可减免的税款每年下降 50 欧元。

（5）法国。法国形成了以研发和投资提升产业能力，以购车补贴和税收优惠拉动市场规模增长的供需双向支持政策。政府投资 15 亿欧元用于充电网络基础设施建设，计划到 2020 年充电点充电插头总量达到 400 万个，实现 200 万辆电动汽车上路的目标。2008 年开始，法国实施了以 CO_2 排放量为基准的税收奖惩政策，对购买碳排放较低的车辆奖励，并对碳排放较高的车辆罚款。

法国实行两项主要的直接激励政策促进电动汽车发展，即环保奖金与节能奖金。奖惩综合税制是指惩罚 CO_2 排放相对较高（$\geq 130g/km$）的车辆，奖励补贴排放较低（$\leq 110g/km$）的车辆。奖金最高可达车辆标价的 27%，上限为 6300 欧元，而惩罚额度可达 8000 欧元。除奖惩税制外，报废老旧柴油车的消费者还能获得"超级奖金"。报废 2001 年前注册柴油车的消费者在购买 CO_2 排放量低于 20g/km 的新车时，可获得 3700 欧元的补贴，而购买 CO_2 排放量在 21~60g/km 的车辆时，可获得 2500 欧元的补贴。综合税制奖金和车辆报废奖金加起来最高金额可达 10000 欧元。这两项政策为推广电动汽车普及带来了极大的帮助。

2. 国外电动汽车产业市场特征

（1）更多车型上市是美国、欧洲市场保持快速增长的关键因素。

美国市场：在市场方面，美国纯电动汽车和插电式混合动力汽车销量近年来保持增长态势、但增速有所放缓。2013 年，福特、Tesla 等 4 款车型开始发力是美国市场保持高速增长的重要原因，此外奔驰 Smart Ed、通用 Spark 等新增车型暂未实现放量。2015 年美国市场销量达到 11.6 万辆，排在中国之后位居全球第二。2016 年上半年销量接近 6.57 万辆，全年预计将超过 13 万辆。在典型产品市场表现方面，以特斯拉 Model S 和日产 leaf 为代表的纯电动汽车占据 2015 年美国新能源汽车市场份额的 63%，以通用雪佛兰 Volt，福特 Fusion、C-MAX 为代表的插电式（增程式）混合动力车型占 37% 的市场份额。

欧洲市场：2013 年新上市的 Tesla、沃尔沃 V60、三菱 Outland 插电版、宝马 i3、大众 e-golf 为欧洲市场增长提供了保障。在市场方面，2015 年欧洲纯电动汽车与插电式混合动力汽车销量排名前 4 位的国家分别是挪威、英国、法国和德国。其中，挪威是全欧洲纯电动与插电式混合动力汽车市场占有率最高的国家，2015 年市场份额达到 22.8%。随着宝马、奥迪、沃尔沃等企业的插电式混合动力车型陆续上市，欧洲的插电式混合动力汽车市场份额逐步提升，2016 年上半年纯电动汽车与插电式混合动力汽车市场占有比例已接近 1∶1。

日本市场：仅增加了三菱 Outland 插电版一款新车型，真正有竞争力的车型仅有日产 Leaf、丰田 Prius 插电版以及三菱 Outland 插电版 3 款，用户选择少。在市场方面，日本纯电动汽车和插电式混合动力汽车销量在 2014 年达到顶峰 3.16 万辆后，受国际油价持续走低的影响，2015 年首次出现了下降，销量同比减少 22% 至 2.32 万辆。2016 年上半年市场开始回暖，销量达到 1.37 万辆。典型产品市场表现方面，三菱欧兰德（Outlander）占据 2015 年插电式混合动力汽车车型市场份额的 45%，日产 leaf 占纯电动汽车车型市场份额的 54%。

（2）电动汽车性价比提升是电动汽车市场快速增长的另一关键因素。动力电池价格近几年大幅下降：据 IEA 数据，国际动力电池市场价格已经从 2008 年的 1000 美元/kWh 下降到 2012 年的 500 美元/kWh，4 年间下降了近一半。Tesla 公司的 CEO 也表示他们的成本已经控制在 250 美元/kWh 左右。

电动汽车进入价格下降与性能提升通道迹象明显，美国出现"价格战"竞争：随着日产、通用等的电动汽车逐步实现规模量产，在市场竞争日趋激烈的情况下，美国 2013 年电动汽车出现了价格战的竞争；日产的新款 leaf 在性能有所提升的情况下，价格下降了约 20%；导致了通用的新款 Volt 也降价了 5000 美元，降幅约为 15%，这对这两款车销量增长起到了促进作用。

（3）Tesla 出现对国际电动汽车市场格局产生了颠覆性影响。

抢占了美国豪华车市场的头把交椅。2013 年，超过了奔驰 S 级、宝马 7 系、奥迪 A8 等传统豪华车品牌。

进入了欧洲市场获得欢迎。2014 年 3 月单月在挪威销量达到 1490 多辆，占据了所有车型的销售头名，占据了挪威市场 10% 的市场份额。

在中国和香港的颠覆性定价策略影响深远。采取了"公正"的不加价策略，赢得了广泛好评，将对其他外国豪华品牌以及电动汽车进口中国产生"标杆"效应，有效撬动了中国私人电动汽车市场，据报道，中国已成为贡献 Tesla 订单最大的地区。

（4）电动汽车的"局部市场"特征表现十分突出，既不能以偏概全，也要重视局部市场表现所代表的未来趋势。

挪威：2013 年电动汽车市场份额达到 5.6％；2014 年 3 月单月电动汽车在挪威销量达到 1493 辆，占据了所有车型的销售头名和挪威市场 10.8％的份额；所有电动汽车合计市场份额达到 20.3％。

美国加州：美国加州占据了美国约 40％的电动汽车市场份额，电动汽车市场份额也从 2011 年的 0.2％提高到 2013 年的 2.5％。

爱沙尼亚：爱沙尼亚已经建成世界上首个全国性电动汽车快速充电网络，安装了由全球电力和自动化技术领域领先企业 ABB 公司生产的 165 台快速充电器。

1.1.2 我国电动汽车产业发展现状

1. 我国电动汽车产业政策情况

（1）2009—2010 年，与国际同步启动试点，建立政策框架。2009 年，"十城千辆"工程开展以来，中央政府相关部门为促进新能源汽车产业化，加大了市场导入期的政策支持力度，为新能源汽车的发展营造了良好的政策环境；2009 年 1 月，启动示范推广工作，出台补助办法；2009 年 6 月，出台企业和产品准入管理规则；2010 年 1 月，扩大试点到 20 个；2010 年 5 月，建成 5 个私人补贴试点；2010 年 7 月，扩大到 25 个试点。

（2）2011—2012 年，完善安全与考核制度，明确产业发展规划。2011 年 8 月，明确安全管理要求；2011 年 11 月，明确对企业和地方政府考核要求；2012 年 3 月，进行科技专项"十二五"规划；2012 年 7 月，节能与新能源汽车产业发展规划。

（3）2013 年，启动新一轮补贴。2013 年 9 月，《大气污染防治行动计划》提出公共领域和机关要率先使用新能源汽车。2013 年 9 月，新一轮补贴政策出台，填补了 9 个月的政策空档期。2013 年 11 月，确认 28 个城市或区域为第一批新能源汽车推广应用城市。

（4）2014 年，高层加大力度，破除政策阻碍。2014 年 1 月，李克强总理、马凯副总理视察比亚迪。2014 年 2 月，将补贴下降幅度由 10％调整至 5％，并明确 2015 年之后会继续补贴，增强市场信心。2014 年 2 月，公布第二批试点城市，在文中明确要求打破地方保护。2014 年 3 月，马凯再次视察深圳，提出 8 点意见。

（5）2015 年，指明发展方向，确立行动纲领指南。国家从经济、社会、环境、能源等角度，对新能源汽车产业发展提出的宏观层面的战略规划和指导意见，为新能源汽车的发展指明了方向，确立了行动纲领和指南。目前，主要包括汽车产业振兴规划、战略新兴产业规划、工业转型升级规划、能源发展规划、大气污染防治、加快节能环保产业发展的意见以及新能源汽车产业发展规划等。例如《环境保护"十二五"规划》《能源发展"十二五"规划》《工业转型升级规划（2011—2015 年）》《大气污染防治行动计划》《中国制造 2025》《能源技术革命创新行动计划（2016—2030 年）》等。

(6) 2016—2017 年，加强规划引导、优化补贴政策、创新商业模式，促进行业健康规范发展。2016 年 1 月 15 日，国家住建部发布《关于加强城市电动汽车充电设施规划建设工作的通知》，提出了各地区要重视并部署充电设施规划和建设工作，要求简化审批并合理布局。2016 年 5 月 25 日，工信部发布了《电动汽车远程服务与管理系统技术规范》（征求意见稿），定义了电动汽车远程服务与管理系统的各类平台和车载终端，对通信协议进行了要求，建立运行 guanine 机制，并实现对新能源汽车运行情况的实时监控。

2016 年 12 月 30 日，财政部、科技部、工信部和发改委发布《关于调整新能源汽车推广应用财政补贴政策的通知》（以下简称《通知》），从 2017 年 1 月 1 日起实施。《通知》指出，在保持 2016—2020 年补贴政策总体稳定的前提下，通过调整完善补贴方法、改进资金拨付方式、提高生产企业及产品准入门槛、建立健全监管体系等措施，重点提高了补贴的技术门槛，并适当下调了补贴标准。

2017 年 8 月 8 日，交通运输部、住房和城乡建设部联合发布《关于促进小微型客车租赁健康发展的指导意见》（简称《指导意见》）。《指导意见》鼓励使用新能源车辆开展分时租赁，并按照新能源汽车发展有关政策在充电基础设施布局和建设方面给予扶持，对保护用户权益、提高小微型客车租赁有效供给、优化交通出行体系、促进行业健康规范发展具有积极意义。

2. 我国电动汽车产业市场进展情况

根据公安部交通管理局的统计，截至 2015 年年底，我国新能源汽车保有量达 58.32 万辆，与 2014 年相比增长 169.48%。其中，纯电动汽车保有量 33.2 万辆，占新能源汽车总量的 56.93%，与 2014 年相比增长 317.06%。中国汽车工业协会数据显示，2016 年新能源汽车生产 51.7 万辆，销售 50.7 万辆，同比增长 51.7% 和 53%，连续两年保持全球第一，其中纯电动汽车产销分别完成 41.7 万辆和 40.9 万辆，比上年同期分别增长 63.9% 和 65.1%；插电式混合动力汽车产销分别完成 9.9 万辆和 9.8 万辆，比上年同期分别增长 15.7% 和 17.1%。中国汽车工业进出口有限公司数据显示，截至 2017 年 7 月末，我国的新能源汽车保有量达到 100.4 万辆，占全球新能源汽车保有量的 50% 以上。2017 年 1～6 月新能源汽车产量 21.1 万辆，其中纯电动汽车销量占比 82.5%，插电式混合动力汽车占比 17.5%，销售 19.5 万辆，其中纯电动汽车销量占比 75%，插电式混合动力汽车占比 25%。预计在未来 3 年内，中国新能源汽车仍将保持 35% 到 40% 的年增长率，到 2020 年，销量将达 150 万辆。

整车生产能力方面，上汽、北汽、比亚迪、江淮等已具备较好的纯电动汽车量产能力，合资企业布局加速。上汽荣威 550plug-in 与比亚迪秦也标志着我国插电式混合动力汽车量产进程加快；动力电池方面，我国已成为世界最大的车用动力电池供应国，是仅次于日本和韩国的全球第三大锂电池生产国，所生产锂电池占全球 25％的市场份额。尽管我国主推的磷酸铁锂技术路线在能量密度等方面不如国际上主推的三元材料，但在性价比上仍具有一定竞争优势。

当前，我国主要在售电动汽车见表 1-1。

表 1-1	我国主要在售电动汽车表		
企业	主要新能源汽车	市场售价（万元）	中央补贴（万元）
奇瑞汽车	奇瑞 M1EV	14.98	3.5
比亚迪	比亚迪 E6	30.98	6
	比亚迪秦	18.98	3.5
上海汽车	荣威 550	23.49	3.5
北汽新能源	北汽 E150EV	24.98	5
	绅宝 EV	30	5
众泰汽车	朗悦 EV	26.98	3.5
	众泰 5008EV	27.8	5
	众泰 2008EV	11.98	5
江淮汽车	和悦 iEV4	16.98	5
上海通用	雪佛兰沃蓝达	49.8	0
	赛欧 SPRINGO	25.8	0

1.2 电动汽车产业发展趋势、目标

1.2.1 电动汽车产业发展趋势

纯电动汽车、插电式混合动力汽车的发展趋势呈现出动力系统高效化、整车轻量化、车辆与外部环境网联化、电子设备智能化的特点。

1. 动力系统高效化

电驱动系统高效化取决于驱动系统各关键零部件指标的有效提高和动力总成与传动系统的集成优化。乘用车驱动电机重点提高有效比功率，商用车驱动电机重点提高有效比转矩，开发拓宽转速范围，改善转矩密度的混合励磁型驱动电机，进一步提高电机的材料利用率；插电式混合动力汽车重点开发混合动力专用阿特金森循环发动机。应用复合增压技术、高压 GDI 技术、HCCI 技术、辅助系统电动化技术；发动机、电机、传动系统集成优化，进一步提高动力系统的综合效率与整车能量效率；轮毂电机将在纯电驱动汽车上逐步应用，提升整车的操控性能、动力性能和整车效率。

此外，集成制动助力、ABS、ESP、EPB 的制动能量回收系统以及节能型低压热泵空调的研究和应用，将显著提升纯电动汽车和插电式混合动力汽车的整车效率。

2. 车身及零部件设计轻量化

电动汽车车身逐步由传统车型改制而来转变为全新开发，并大量应用铝合金挤压件、冲压件和铸件，客车车身逐步实现全铝骨架，乘用车可实现碳纤维材料与铝合金、高强度钢混合的车身结构；车门、发动机舱罩、翼子板等部件应用碳纤维增强复合材料；内饰大量采用长纤维增强热塑性复合材料；铝合金悬架及副车架、镁合金轮辋逐步应用等。

在纯电动汽车和插电式混合动力汽车的轻量化中，动力电池系统的轻量化举足轻重。电池系统的热管理技术、故障诊断技术及安全防护技术、电池均衡及剩余电量估计技术的研究将持续深入，为未来高比能量电池的安全应用打下基础；电池包机械结构设计与车身结构设计相结合，最大限度地提升电池包的安全性和电池包的比能量，从而可在保证安全的前提下，显著提升整车的轻量化水平。

3. 电动车辆网联化与智能化

出于安全性和电动汽车能量控制的需要，电动汽车需要智能化传感器设备（24GHz，77GHz 低成本雷达，车载视觉系统）搭载、高清地图应用、多源信息融合，实施与车辆外界的高速通信以及与智能电网的高度融合，同时，电动汽车也是智能化、网联化最佳的车辆平台。

1.2.2　电动汽车产业发展目标

《电动汽车充电基础设施发展指南》指出，根据我国在公交、出租、环卫与物流等专用车、公务与私人乘用车等领域的汽车增长趋势，结合国家新能源汽车推广应用相关政策要求和规划目标，经测算，到 2020 年全国电动汽车保有量将超过 500 万辆，其中电动公交车超过 20 万辆，电动出租车超过 30 万辆，电动环卫、物流等专用车超过 20 万辆，电动公务与私人乘用车超过 430 万辆。根据需求预测结果，按照适度超前原则明确充电基础设施建设目标。到 2020 年，新增集中式充换电站超过 1.2 万座，分散式充电桩超过 480 万个，以满足全国 500 万辆电动汽车充电需求。

1. 发展总目标

通过 10～15 年的发展，到 2030 年实现我国纯电动汽车和混合动力汽车以及充电基础设施的总体目标如下：

（1）全面掌握纯电动汽车、插电式（含增程式）混合动力汽车整车、关键零部件的核心关键技术，科技创新能力和产品技术水平达到国际一流水平；建成具有较强国际竞争力的、国际一流水平的完整的产业体系；形成若干具有国际影响力的整车、关键零部件企业品牌。

（2）全面掌握智能电网、充电装备核心关键技术，科技创新能力和产品技术水平达到国际领先水平，形成若干具有国际影响力的企业品牌。建成各类可再生能源与传统能源相融合的智能化、多网融合的电力能源系统以及支撑我国纯电动汽车和插电式（含增程式）混合动力汽车发展需求的充电基础设施网络。

（3）纯电动汽车、插电式混合动力汽车产品技术、质量达到国际先进水平，基本实现汽车能源动力系统的转型升级，为我国汽车产业转型升级、绿色可持续发展奠定坚实的基础。

（4）纯电动汽车、插电式混合动力汽车整车企业走出国门，整车产品规模化进入发达国家市场，核心关键零部件全面融入国际高端整车品牌的全球采购体系并占据相当份额。

（5）充电系统、关键装备企业走出国门，进入发达国家市场，成套装备全面融入国家顶级品牌系统集成商的全球采购体系并占据相当份额。

2. 分阶段目标

到 2020 年，初步建成以市场为导向、企业为主体、产学研用紧密结合的新能源汽车创新与产业体系。纯电动汽车和插电式混合动力新能源汽车年销量占汽车总销量的 7%～10%，保有量超过 500 万辆；打造明星车型，进入全球销量排名前 10 位，新能源客车实现批量出口；动力电池、驱动电机等关键系统达到国际先进水平。建设多于 1.2 万座充换电站、多于 500 万个充电桩，实现车与车、车与基础设施之间的信息化；建立若干个具有一定规模的无线充电试验示范区域或线路，完成商业化实用性验证。

到 2025 年，形成自主、可控、完整的产业链，纯电动汽车和插电式混合动力汽车年销售占汽车总销量的 15%～20%，保有量超过 2000 万辆；自主品牌纯电动和插电式混合动力汽车产品技术水平与国际同步，拥有在全球销量进入前 5 位的一流整车企业，动力电池、驱动电机等关键系统实现批量出口；建设多于 3.6 万座充换电站，多于 2000 万个充电桩（包括公共场所、住家及办公场所），完成纯电动汽车和插电式混合动力汽车、融合风/光发电的智能电网整体联网的区域试点，无线充电技术完成较大规模示范。

到 2030 年，新能源汽车自主产业链进一步完善，纯电动汽车和插电式混合动力汽车年销量占汽车总销量的 40%～50%。保有量超过 8000 万辆；自主品牌纯电动汽车和插电式混合动力汽车在国内市场占绝对主导地位，主流自主企业的关键技术国际领先，培育具有国际领先水平的零部件企业。建设多于 4.8 万座充换电站、多于 8000 万个充电桩，全面实现纯电动汽车和混合动力汽车、智能电网与智能社区的联网运行。

2

电动汽车充换电技术与充电网络发展情况

电动汽车充换电基础设施是电动汽车能源补给的重要技术手段。随着电动汽车数量不断增加，与之配套的充换电基础设施也正在加大力度进行建设，并逐渐形成了电动汽车充换电技术网络，为电动汽车发展提供了有力支撑。

2.1 电动汽车能源补给方式

电动汽车能源补给方式包括传导式充电、无线充电和电池更换三种方式。

2.1.1 传导式充电

传导式充电（见图 2-1）就是以电缆为传输介质，通过电缆和耦合器（插头插座）连接，进行直接接触式的电能传输。

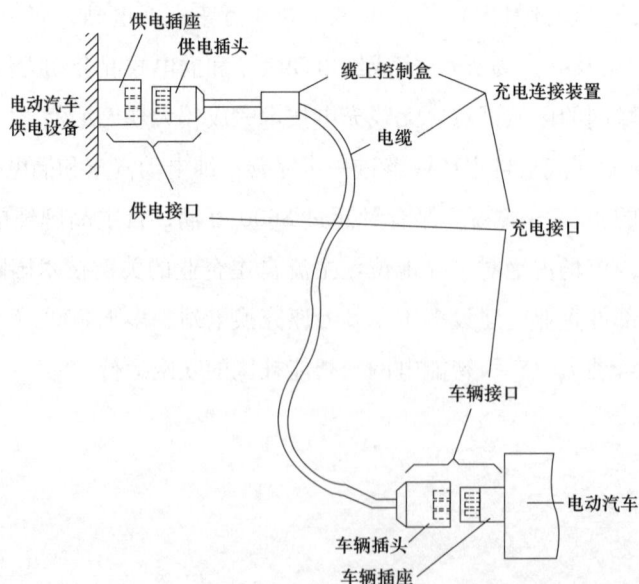

图 2-1 传导式充电

优点：成本低、传导效率高。

缺点：需要人工操作、连接部分为易损件，安全程度有一定的局限性。

传导式充电按照为车辆提供的电源形式可以分为交流充电（常规充电）和直流充电（快速充电）。

1. 交流充电

该充电方式采用恒压、恒流的传统充电方式对电动汽车进行充电。目前常见的交流充电是以较低的充电电流为蓄电池充电，电流大小约为15A，若以120Ah的蓄电池为例，充电时间要持续超过8h。采用常规充电方式，充电器的工作和安装成本相对较低。车载充电机是电动汽车的一种最基本的充电设备，只需将车载充电器的插头插到停车场或家中的电源插座上即可进行充电，因此充电过程一般由用户独立完成。可直接从低压照明电路取电，充电功率较小。由于在家中充电通常是晚上或者用电低谷期，有利于电能的有效利用，因此电力公司一般会给予电动汽车用户一些优惠，例如用电低谷期充电打折。另外，比亚迪推出了三相交流快速充电技术，比亚迪的E6、E5、秦EV300、宋EV300几个车型均可采用三相交流充电，充电桩充满电的时间由车辆电池容量和车载充电机的功率决定，一般E6可以3～4h充满，E5可以1.5～2h充满，秦EV300、宋EV300可以1.5h左右充满。

交流充电桩一般系统简单，占地面积小，安装方便，可安装于电动汽车充电站、公共停车场、住宅小区停车场、大型商场停车场等室内或室外场所，操作使用简便，是重要的电动汽车充电设施。常用交流充电桩可分为一桩一充式、一桩双充式以及壁挂式。一桩一充式交流充电桩只提供1个充电接口，适用于车辆密度不高的室内和路边停车位；一桩双充交流充电桩提供2个充电接口，可同时为2辆车充电，适用于停车密度较高的停车场所；壁挂式交流充电桩提供1个充电接口，适用于地面空间拥挤、周边有墙壁等固定建筑物的场所，例如地下停车场。电动汽车驾驶员只需将车停靠在充电站指定的位置上，接上电线即可开始充电。计费方式是投币或刷卡，充电功率一般为5～10kW，采用三相四线制380V供电或单相220V供电。其典型的充电时间是：补电为1～2h，充满为5～8h。

2. 直流充电

该充电方式是以较大电流短时间在电动汽车停车的20min～2h，为其提供短时充电服务，一般充电电流为150～400A。充电电压高，且为直流电压充电，需要通过整流装置将交流电变换为直流电，对动力电池组的耐压性和保护提出更高要求；充电电流大，是常规充电电流的十倍甚至几十倍，对动力电池组产生巨大电流冲击，会降低动力电池组的循环寿命；充电一般不达到满充状态。快速充电由于功率要求大，电池组成本相对较高。快速充电装置工作时，输出电流会发生剧烈变化，其峰值能达到数百安培，而且电流上升沿/下降沿时间不超过 1min，这样的电流变化会对电网造成很大冲击，且大量电动汽车在相近时段内密集快速充电时，负荷总量将考验电网的稳定性和承载力。

　　快速充电一般具有以下特征：充电时间短，充电电池一般可充电 2000 次以上，没有记忆性，可以大容量充电及放电，在短时间内就可充 70%～80% 的电。由于充电在短时间内（约半小时以内）就能使电池储电量达到 80%～90%，与加油时间相仿，因此，建设相应充电站时可不配备大面积停车场。相对常规充电模式，快速充电也存在一定的缺点：充电器充电效率较低，且相应的工作和安装成本较高；由于采用快速充电，充电电流大，这就对充电技术方法以及充电的安全性提出了更高的要求，同时计量收费设计也需特别考虑。

2.1.2　无线充电

　　无线充电即无线电能传输（Wireless Power Transfer，WPT），也称为非接触能量传输（Contactless Power Transfer，CPT）。它是利用电磁场或电磁波进行能量传递的一种技术。对于 EV 用无线电能传输技术，即是将变压器一次、二次绕组分置于车外和车内，通过高频磁场耦合的作用进行电能传输。与接触式充电方式相比，无线电能传输技术有很多优点：

　　（1）由于它完全绝缘，可以避免高压触电危险。

　　（2）全密封，可以避免短路和漏电危险。

　　（3）有利于接口标准化，也便于实现自动化和无人操作。

　　（4）无机械磨损和相应的维护问题，可适应多种恶劣环境和天气。

　　无线电能传输技术包括感应耦合方式、电磁谐振方式以及微波传输方式。感应耦合充电方式研究较早，在传统的变压器基础上进行改造，实现两侧分离，此种能量传输方式可应用在大功率场合，也可应用在其他方面，如小功率电子设备、自动导航系统、单轨行车运输系统等。但是传输距离有限。电磁谐振方式谐振是一种高效的能量传输方式，它的基本原理是：两个振动频率相同的物体之间可以高效地传输能量，而对振动频率不同的物体几乎没有影响，主要应用在中功率场合，具有传输距离长，效率高的特点。微波式（也称电磁辐射式）无线电能传输技术是以微波（频率在 300MHz～300GHz 的电磁波）为载体在自由空间无线传输电磁能量的技术。该技术可以实现极高功率的无线传输，但在能量传输过程中，发射器与接收器必须对齐，能量传输方向受限制，并且不能绕过障碍物，同时微波在空气中的损耗大、效率低，对生物有很大伤害。该技术一般应用于特殊场合，如：低轨道军用卫星、天基定向能武器、微波飞机、卫星太阳能电站等许多新的、意义重大的科技领域。表 2-1 为三种无线电能传输方式的比较。

表 2-1 三种无线电能传输方式比较

	感应耦合式	电磁谐振式	微波式
使用频率	10kHz～50kHz	100kHz～50MHz	300MHz～30GHz
输出功率	大功率（几千瓦～几百千瓦）	中功率（几千瓦）	小功率（最高 100MW）
传输距离	短距离（几十厘米）	中距离（几米）	长距离（几千米）
充电效率	较高（90%）	最高（95%）	较低（38%）
优点	技术成熟	不向外发射电磁波，只形成非辐射的磁场；损耗极小，效率高	定向、无损穿透电离层，适合远程甚至超距能量传输
缺点	充电产品需置于充电器附近；终端产品间电路需进行屏蔽；充电器需具备对充电产品的辨识能力，否则易对金属充电而使其过热	必须对所需频率进行保护，在几米范围内进行传输需要几到几百兆赫兹的频率	传输功率小，无法在 1～2h 完成手机等电子产品的充电；功效低；大量功率以无线电波方式消耗
主要应用	手机、电动汽车	手机、电视、电动汽车	微波飞机、卫星太阳能电站

2.1.3 电池更换

电池更换即通过全自动或半自动机械设备，进行快速的电池更换，电池更换装置如图 2-2 所示。

图 2-2 电池更换装置

优点：一是操作时间短，仅需 3～5min；二是电池可与整车分开，以租赁方式运营，大幅降低车辆价格；三是由专业服务机构负责运营，有利于电池性能的保持和废旧电池的回收；四是可在低谷时段集中充电，有利于降低充电设施建设和运行成本，在能源利用方面也能起到错峰填谷的作用。

缺点：一是成本较高，是普通充电站的 1.5～2 倍；二是尚未全面实现动力电池组的标准化、模块化和电池在车辆上安装位置的标准化。我国目前电动汽车标准体系还很不健全，各汽车生产厂家和电池生产厂家基本上各自为战，电池规格差别很大；更换电池模式涉及电池租赁、充电、配送、计量、更换等多个环节，由多家企业分工完成，运作复杂。国家电网公司近期已与部分电动汽车厂商形成战略合作伙伴关系，已将换电模式列入其充电站建设采用的充电模式之一。

根据建设模式不同，电池换电可以分为充换电和集中充电统一配送两种方式。充换电方式是指电池更换站同时可以为电动汽车电池充电和更换电池，站内包括供电系统、充电系统、电池更换系统、综合监控系统、电池监测维护管理系统等组成部分。目前国内建成的有北京奥运会、上海世博会和广州大学城商用车电池更换站，及杭州市的电动出租车电池更换站。集中充电统一配送模式指的是通过电池集中充电站对大量电池集中存储、集中充电、统一配送，并在电池配送站内对电动汽车进行电池更换服务。典型的电池集中充电站包括供电系统、集中充电系统、电池更换系统、电池转运系统、综合监控系统等。集中充电统一配送模式的优点：一是可以依托变电站建设。充电规模更加集中，更加方便进行电能统一管理，更便于进行电池监测和维护；二是电池配送站不需要配置充电设备，投资少，场地也比较灵活，适于广泛布点。缺点：一是集中充电所需供电容量大，需要依托电厂或变电站建设；二是需要物流系统解决电池的配送问题。

2.2　电动汽车充电技术发展趋势

自 2016 年开始，我国就开始了大功率充电的相关研究工作，针对大功率充电的部分细节进行了讨论。大功率充电之所以得到越来越多企业的关注，与其便利性有很大关系。多数用户希望在驾驶电动汽车时，能够拥有与燃油车相同的加油体验，而大功率充电就能满足这种需求。此外，无线充电是一种通过磁场传递能量的充电方式，两者间不用电线连接。无线充电主要涉及电磁感应、电磁波等技术。发展电动汽车无线充电主要从四个方面考虑：①便利性，无线充电可以做到即停即充；②安全性，无线充电可以实现没有金属件裸露在外，而且充电设施不存在磨损、漏电等问题；③紧凑性，无线充电设施安装在地下，因此可以节省空间，特别是对土地资源较为紧张的大城市来说具有很大的吸引力；④环境融入性，与充电桩和充电线相比，无线充电的优势是更为美观。

2.2.1　大功率充电技术发展趋势

直流充电通过地面充电装置（直流充电桩）将交流电网电能转化为直流电后，通过充电连接装置直接对电动汽车动力电池进行充电。目前根据欧美等国的电动汽车技术路线，预计到 2020 年左右，其电池容量将达到 100kWh，对充电功率提出了要达到 350～500kW 的要求。大功率充电的电流将达到 350～500A、充电电压将达到 1000V。目前大功率充电技术主要的发展趋势主要有以下几点：

（1）电压方面，假设提升到 1000V，GB/T 18487.1—2015《电动汽车传导充电系统 第 1 部分 通用要求》是能够覆盖的，但在元器件的耐压、绝缘等方面，需要重新设计。

（2）电流方面，假设从 250A 提升到 350A 甚至 500A，如果不采取冷却措施的话，电缆将会变粗许多，充电体验将更差。如果保证电缆规格不变的情况下，需要采取一些复杂的措施，比如添加特殊的冷却系统。德国在这方面进行了一些研究，当线缆采用冷却系统之后，不仅温度可以迅速降到 50℃ 以下，而且线缆的重量、粗细程度也有所下降。

（3）温度方面。当采用大功率充电的时候，单位时间传输的能量会增加，而温升同样会增加很多，所以需要在整个电路设计上增加更多的温度检测以及饱和措施。以充电功率 350kW，充电效率 95％ 为例，发热功率为 $350kW \times 5\% = 17.5kW$，如散热不畅，可能会造成大的安全事故。在温升方面，欧洲要求在充电过程中任何点的温度都不超 120℃，而日本则更保守一点，如果在充电过程中的温度超过 90℃ 的时候是可以延长一段时间再进行保护，但如果超过 120℃ 的时候就需要立即保护。

（4）兼容性方面。首先是充电接口，由于 GB/T 20234.3—2015《电动汽车传导充电用连接装置 第 3 部分 直流充电接口》中规定额定电流最大为 250A，因此，采用大功率充电的充电接口到底是采用全新的接口，还是要兼容原来的接口，需要进行论证。其次，已有的通信协议是不是能支持 400A 以上的电流，同样需要探讨。最后，大功率充电站应具备宽范围功率的兼容性，可以柔性、智能分配充电功率，既可以满足大功率充电需要，也能够兼容不支持大功率充电的电动汽车充电需求，提高充电桩的利用率。比如：Charge point 已经生产出了功率可达 400kW 的直流充电桩，它是由若干个充电功率为 31.25kW 的充电模块组合而成，模块之间可以随意组合。如果想得到 400kW 的输出功率，需要 12 个功率模块组合，单枪输出即可；如果是双枪输出，则每支枪的输出功率为 200kW；根据不同的功率模块组合，得到不同的输出功率。

2.2.2 无线充电技术发展趋势

无线充电技术也有固定式充电和移动式充电之分，两者之间存在较大区别。

固定式充电的功能基本类似于普通充电桩，是在固定位置充电。与普通充电桩相比，它省去了插拔充电接口的环节，比较方便，也避免了充电接口老化所导致的漏电风险。移动式无线充电很难普及。它需要在行车道下方铺设特定装置，基本上相当于重新铺设道路。

为了能够实现电动汽车无线充电技术的广泛应用,目前,主要的发展趋势有以下几个方面:

(1)电力电子拓扑结构与控制算法的创新与优化。功放电路和调谐(补偿)网络的优化和创新,以及改进控制方法是提高无线充电系统性能的保障。研发出高功率因素,低匹配难度、低输入阻抗的电力电子拓扑结构、更加稳定和精确的控制方法,对无线充电系统偏移裕度、电能传输效率和电路运作稳定性的提高有着尤为重要的意义。

(2)电磁能量传递生物安全。公众最为关注的问题就是生物的安全性,无线充电系统要想实现广泛的推广和使用,就必须大力研究安全的无线通用性和智能性的电磁辐射防护方法。通过对一些先进材料引入,如电导率、磁导率较高的材料等,能够将系统的损耗降至最低,有效提高电能传输效率,目前,充电过程能量损耗的进一步降低因磁电层状复合材料超导材料和超常规电磁材料等新材料的出现和应用而变为了可能,也为无限充电系统传输性提供了更宽阔的空间。

(3)新材料的引入与无线充电约束机制的改善。引入磁导率、电导率等参数更加优越的先进材料,有助于降低系统损耗,提升电能传输效率。近些年,超常规电磁材料(左手材料)、磁电层状复合材料、超导材料等新材料的出现与应用,减小了系统的损耗,提高系统的输出功率、传输效率,以及增大传输距离、降低错位容差和方向性的要求,增强系统的适用度。为充电过程能量损耗的进一步降低提供了可能,也为无线充电系统传输性能提升创造了空间。

(4)传输结构上提升系统抗偏移能力。目前,关于无线传输系统的方向性问题研究较少,对于系统偏移角度、偏移距离与传输效率之间的定量关系,仍未得到一致的结论。对传输线圈间电磁场中的功率随时间变化的规律及其与系统参数之间的关系,还需要进行进一步的理论研究。深入分析空间功率密度分布及传递机理,有助于更好地控制能量传输方向,提高传输效率,合理约束空间电磁场,保证周围电磁环境安全。传输线圈形状的优化,新材料的应用,线圈与汽车底盘的合理装配等对于提高系统传输效率和实现较好的电磁屏蔽具有重要意义。

(5)建立不同谐振网络及整体系统的动态模型。不同谐振网络稳态条件下输入、输出特性的研究已较为成熟,但对于短路和开路等特殊工况下不同谐振网络中电压、电流变化关系的研究较少。传输系统在启动、负载突变、切负荷等暂态过程中的响应特性缺乏定量的描述。建立不同谐振网络及整体系统的动态模型有利于更好地对系统的动态行为进行控制,分析暂态过程中系统各个部分的电应力,设定合理的保护阈值,提升系统的稳定性。

（6）电力电子变换器的设计与优化。电力电子变换器的接入给传输系统带来了非线性特征，使得系统性能对参数变化更加敏感，控制方法更加复杂。系统性能的进一步提升，很大程度上依赖电力电子变换器的设计与优化，以及相应控制方法的改进和创新。结合无线传输的特点，设计并研制高功率因数、低输入阻抗、电路参数兼容性高的电力电子变换器，提出并采用更加先进和精确的控制方法，是当前及今后研究的主要方向之一。

（7）双向无线电能传输技术的优化设计。双向无线电能传输技术为电动汽车参与到电网调度，实现与分布式微电网的友好融合提供了极大的便利。基于 V2G 的电动汽车无线充电系统的优化设计、相应控制方法及与电网间交互策略的研究是今后研究的热点问题。

2.3 电动汽车充换电设施发展情况

2.3.1 电动汽车充换电设施总体情况

电动汽车充换电设施产品主要包括：直流充电设施、交流充电设施和电池更换设施。其中，直流充电设施一般用于电动汽车快速充电，充电时间一般为 0.5～2h；交流充电设施一般用于电动汽车常规充电，充电时间一般为 5～8h；电池更换设施用于电池可更换型电动汽车，其中乘用车换电时间一般为 3～5min，商用车换电时间一般为 8～10min。

2.3.2 国外电动汽车充换电设施产品情况

国外充换电设施在标准先行的基础上，一般由专门的公司（如 ABB、爱默生等）提供符合整车要求的标准技术和设备，由政府、车企、电力公司、第三方企业和车辆使用方投入建设。充换电产品主要由交流充电设施和一体化的直流充电设施组成，也可以通过随车附送的充电电缆及控制盒，接入通用交流插座实现充电；部分企业试点开展无线充电、道路充电等多种充电方式的探索。充换电设施一般为乘用车服务，以交流充电作为常规充电，分单相和三相两类；在公共场所布置一体化的直流充电设施提供快速电能补给，充电设施外观时尚。

2.3.3 中国电动汽车充换电设施产品情况

国内电动汽车充换电设施产品中：交流慢充产品电压规格以单相 220V 为主，一般用于家庭和办公区域等长时间停靠地点充电。直流快充产品输出电压包含 200～400V、250～500V、350～700V，分为一体式直流充电机和充电站，一体式直流充电机适用于土地资源紧张的公共区域,充电站适用于土地区域相对宽裕的地区。电池更换(即换电)产品主要应用于公共服务类商用车和乘用车,其中,商用车换电设施在北京、天津、南京、青岛等城市成功实现商业运行;乘用车换电设施分为端部和底盘两大类,端部换电已在以杭州为主的城市实现商业运行,底盘换电目前在河南新乡实现示范运行。

2.3.4　中国各省充电设施政策及建设规划分析

1. 各省通过制定补贴政策,大力支持充电设施建设和运营

目前合计有 23 个省(直辖市、自治区),31 个地级市出台了充电设施建设补贴政策并仍在实施有效期内,部分 2014—2015 年出台的政策已过期。其中,河北、浙江、湖北等 9 省份未出台省级补贴政策,但是其下辖市出台了相关政策。山西、陕西、黑龙江等省份在新能源汽车推广应用的相关政策中提及充电设施建设补贴资金,但未明确补贴额度。已公布补贴额标准的充电设施补贴依据主要分为设备投资额、充电功率、运营度电三大类,2017 年新增加了新国标升级改造奖励补贴类别,例如,北京市提出对完成改造并通过检测验收的充电桩进行资金奖励,奖励标准为直流充电桩为 3500 元/接口,交流充电桩为 2000元/接口。按照设备投资额的补贴额度标准/上限大多分布在设施投资额的 20%~30%,最高为石家庄,为 30%~50%,海口为 40%。最低为甘肃,为 5%;按照充电功率给予补贴的,直流桩 300~600 元/kW 不等,交流桩 150~400 元/kW 不等。除此之外,上海、南京、湖州、海南等地设置了运营补贴,以促进充电设施的使用率,补贴标准为 0.1 元/kWh 或 0.2 元/kWh。

江苏省及其下属市按照年度出台财政补贴实施细则,2016 年明确提出交流充电桩每千瓦补贴 400 元、直流充电桩每千瓦补贴 600 元,2017 年新出台的实施细则仅提出"各设区市自行研究确定新能源汽车及充电设施补助标准、补助方式及操作流程等,补助政策要体现鼓励新能源汽车应用和充电设施运营的导向,对闲置的车辆和充电设施不予补助",南京市已出台 2017 年实施细则,补贴额度由 2016 年的交流桩 400 元、直流桩 600 元提升到了交流桩 600 元、直流桩 900 元。

2. 各省陆续出台充换电服务收费标准,促进市场良性循环

为规范充电服务收费行为,保障消费者效益,各省市对电动汽车充换电服务费实行政府指导价管理。充换电服务费标准上限由省级人民政府价格主管部门或其授权的单位制定与调整。充电服务费主要有规定最高价格、按照燃油价格计费、按照公里计费、按照电价计费等几种模式。

目前,已经有 18 个省(直辖市、自治区)和 33 个地级市出台了电动汽车充电服务费价格政策。其中北京、天津、河北等 10 个省份明确了省级充电服务费标准(见图 2-3 黑色

条框），29 个地级市明确了市级充电服务费标准（见图 2-3）。充换电服务费提高了各单位充电设施建设及运营的积极性。

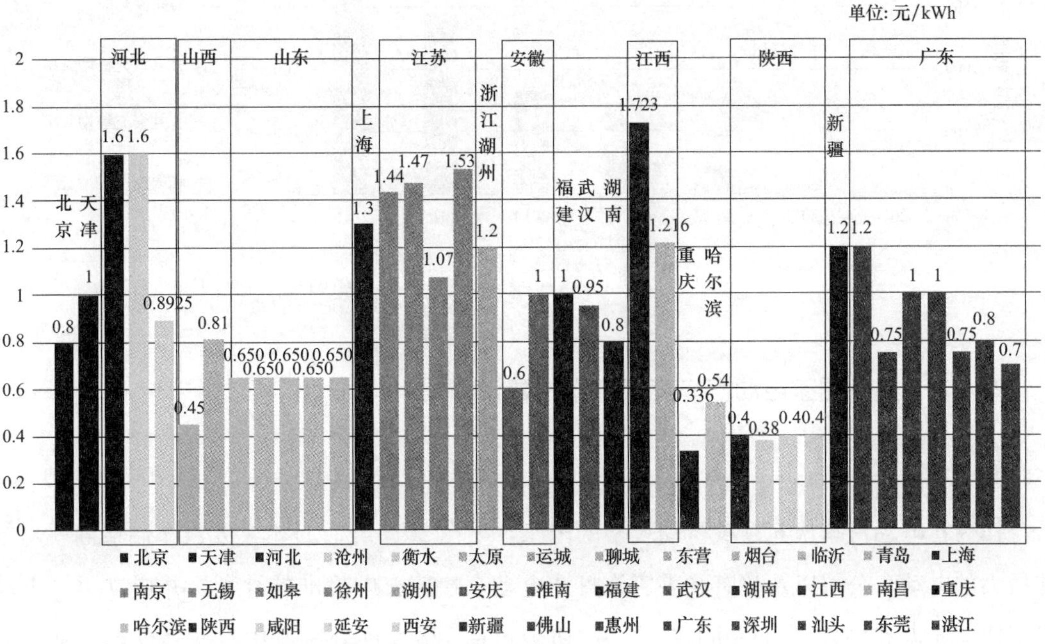

单位: 元/kWh

图 2-3　乘用车充电服务费上限标准

2.4　国际电动汽车充换电网络建设情况

2.4.1　国际电动汽车充换电网络建设总体情况

目前，美国、日本、欧洲合计建成 4.8 万台公共领域电动汽车充电桩，以乘用车交流慢充为主，交、直流充电桩的比例约为 9∶1。其中，美国建成 1.9 万个公共交直流充电桩，欧洲建成 2.4 万个公共交直流充电桩，日本建成 0.5 万个公共交直流充电桩，爱沙尼亚已建成世界上首个全国性电动汽车快速充电网络。

2017 年 5 月国际能源署（IEA）发布的报告《Global EV Outlook 2017（2017 全球电动车展望）》中指出，2016 年，电动汽车的销量创下了新纪录，全世界销售量超过 75 万辆，截止到 2016 年 12 月底，全球插电式汽车的保有量超过了 200 万辆。充电设施总量增长迅速，图 2-4 展示了可用的电动汽车充电设施接口总量从 2010 年的 2 万个，增长到 2014 年的 82 万个，2015 年达到 145 万个，到 2016 年达到 238 万个，公用充电基础设施的数量同比增长 72%。

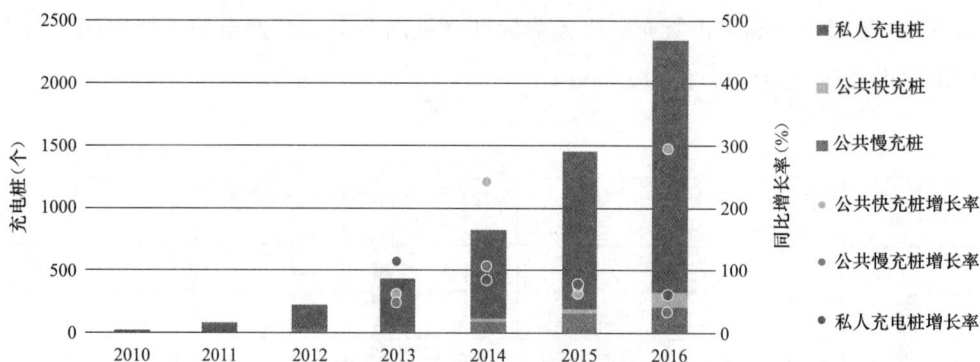

图 2-4　2010—2016 年电动汽车充电设施接口的发展及同比增长率情况

2.4.2　典型国家电动汽车充换电网络建设情况

1. 日本

作为在电动汽车快充领域行动较早的国家，早在 2010 年，日本主要汽车制造商就与本国最大的电动车公司以及政府联手实施打造电动车快速充电标准的计划，并成立了"电动汽车快速充电器协会（CHAdeMO）"。此协会包括 158 个企业，其中有些是外国企业，并有日本的政府机构参与，主要目的是制定电动车的快速充电标准，推动日本电动汽车快速充电器实现国际标准化。

另据外媒报道，日本在 2014 年内集中建设 36000 台电动汽车快速充电桩，相当于日本全国的加油站数量，是之前 2020 年以前建设 5000 台的目标数字的 7 倍。还将拿出 500 多亿日元补助经费以促进在高速公路休息站、主要公路两旁的商业设施中设立电动汽车快速充电站。即只要建设一座能在 30h 左右充电完毕的快速充电站，国家酌情补贴所需经费的一半或一定百分比。此次补贴是专门针对建设充电站而设的。截至 2015 年，CHAdeMO 在全球共拥有 8760 个 CHAdeMO 充电桩，其中日本 5400 个，原定 2020 年前建设 5000 座的目标也提前完成。日本与其他国家快充桩建设比较如图 2-5 所示。

2016 年，CHAdeMO 充电桩在美国达 2000 个，欧洲达 4000 个，全球销量超 13500 个，今年比去年大幅增长 35％，2017 年新式的 150kW 充电桩将有望先投放在欧洲。

2. 美国

在电动汽车普及初期阶段，基于规模经济性和效率的考虑，各国往往对充电基础设施进行集中支持，目前已出现具有明显优势和竞争力的全国性专业化充电服务公司，依托专业化的重点企业推动全国范围的充电基础设施建设运营成为各国共同的选择。根据 IEA 的

22

测算，美国充电基础设施主要分布在东部和西部的沿海地区，2015 年年底，美国全国公共充电桩大约 31674 个，到 2016 年 9 月已经突破 4.4 万。从图 2-7 来看，随着电动汽车的销量和保有量的快速提升，公共充电设施也随之快速增长。但是大部分电动汽车车主都是习惯于在家充电或者在公司内充电。

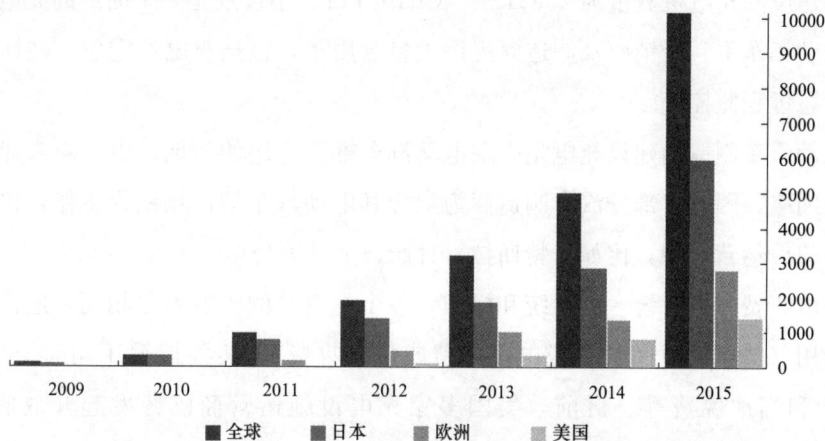

图 2-5　日本与其他国家快充桩建设比较

图 2-6　CHAdeMO 充电桩发展情况

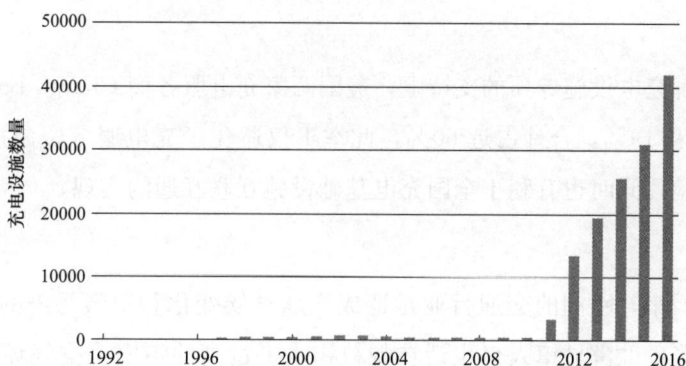

图 2-7　美国公共充电基础设施 1992—2016 年 9 月增长数据（截至 2016 年 9 月）

注：美国的电动汽车截至 2016 年 10 月保有量为 52.8 万，其中纯电动汽车约 28 万，插电式混合动力汽车为 24.8 万。

　　为了便于充电基础设施的使用，充电设施运营商和汽车制造商等多家公司基于网络、车载终端和智能手机应用等多种形式，提供充电站的位置、数量、可用性和运营商等详细

23

信息。

美国的充电设施建设运营主要是两种方式：

（1）充电设施企业运营的充电站。美国充电基础设施大部分是由充电设施专业运营商经营的充电站。其中，Charge Point 是美国最大的充电基础设施运营商，截至 2016 年 7 月，该公司建设的充电桩数量为 29631 个。Charg Point 不仅仅是一个简单的充电网络，它还可以向电动车车主、经销商及制造商提供大量云服务，包括充电站定位、便捷的支付手段和充电状态远程监控等。

（2）电动汽车制造商建设充电站。在电动汽车推广应用的初期，由于尚未建立起完善的充电服务网络，因此，部分汽车制造商为配合其电动汽车的市场销售工作，也介入到充电基础设施建设运营之中，比如：特斯拉、日产、宝马等公司。

美国充电收费并没有统一的系统和标准，各个充电站的收费不尽相同，通常包括会员费和充电费用（按充电时间收费或电量收费或包月收费），某些情况下可能还包括服务费、停车费和当地税费等。目前，美国多家充电设施运营商已经发起开放收费联盟，开始着手于后台信息、收费信息和不同充电设施供应商设备信息交流等方面的标准化内容。

现在，美国有三个主要的充电接口标准：来自日本的 CHAdeMO（兼容车型有日产聆风、起亚 Soul EV、三菱 i-MiEV 等）、来自特斯拉的超级充电器标准（配合特斯拉 Model S）和 SAE Combo 接口标准（用于宝马、大众、通用等）。来自美国能源部的最新数据显示，美国现有 14882 个直流快充站，38330 个直流充电口，其中包括 1559 个 CHAdeMO 交流快速充电站（其中不包括私人充电站），357 个特斯拉超级充电站和 1022 个 SAE J1772 Combo 充电站。

在美国能源部充电设施专项的支持下，美国两家充电服务商 Charge Point、Blink 的份额分别达到 39％和 19％，合计占近 60％，此举不仅避免了充电服务资源过于分散所带来的效率低下的风险，同时也有利于全国充电基础设施互联互通的实现。

3. 欧洲

在欧盟各国看来，欧洲的交通行业是造成全球气候变化和空气污染的主要因素之一。有分析认为，21％的欧洲城镇人口生活在颗粒物水平过高的不安全空气环境中，而有 8％的城镇人口生活在氮氧化物水平过高的不安全空气环境中。于是，普及和推广电动乘用车，很早就被看作是抑制温室气体排放、保障人们健康生活环境的关键措施。欧洲的电动汽车从 2011 年实质上开始启动，在 2015 年实现了快速增长（插电式混合动力汽车整体增速 177％、纯电动汽车整体增速 52％），电动汽车保有量已超过 58.6 万。但达到一定量后，增速开始减缓，对比 2016 年和 2015 年的前十个月，增速变为 20％，如图 2-8 所示。

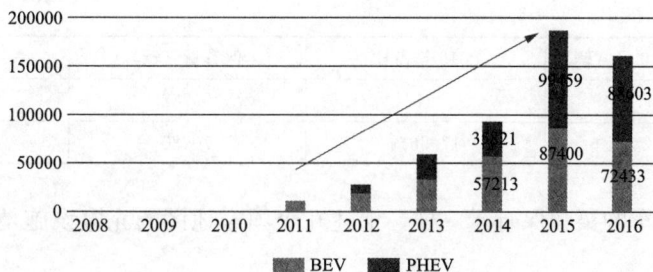

图 2-8 欧洲电动汽车 2011—2016 年 10 月销量统计（单位：辆）

欧洲交通与环境机构《Electric vehicles in Europe—2016》指出，根据其对欧盟和欧洲自由贸易联盟等市场的电动车销量分析，欧洲电动汽车 2016 年下半年销量逼近 60 万辆（见图 2-9）。2015 年欧洲纯电动汽车销量为 84520 辆，成为继中国之后的第二大纯电动车市场。根据欧洲交通与环境机构（T&E）的数据，加上插电式混合动力汽车，欧洲电动汽车销量在 2015 年达到 145000 辆。

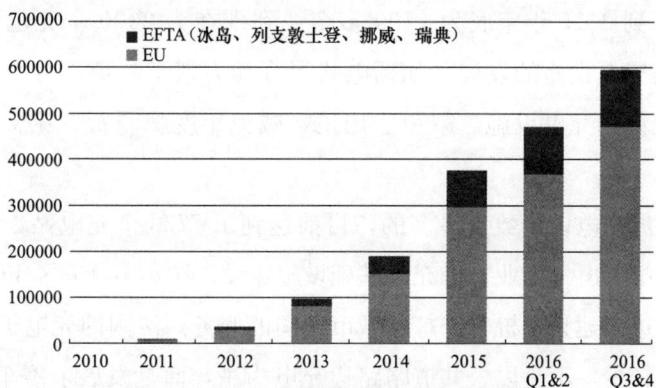

图 2-9 欧洲电动汽车（BEV、PHEV 和 REEV）累计销售

从表 2-2 可以看出，从增量和存量来看，挪威、英国、法国、德国和荷兰五国占据了近 80% 的电动汽车。

表 2-2 　　　　　　　　　　　各国存量和增量比例

国家	2016 年截至 10 月（辆）	2016 年占比	保有量（辆）	保有量占比
挪威	36988	22.97%	124952	21.31%
英国	32817	20.38%	92473	15.77%
法国	23838	14.80%	102091	17.41%
德国	19300	11.98%	69274	11.81%
瑞典	10616	6.59%	27612	4.71%

国家	2016年截至10月（辆）	2016年占比	保有量（辆）	保有量占比
荷兰	9525	5.91%	99782	17.02%
其他	27952	17.36%	70230	11.98%

与上述新能源车购买和保有量一样，上述几个国家地区的充电设施情况占据了欧洲的前几位，见表2-3。

表 2-3 　　　　　　　　　　　　　欧洲五国公共充电设施概览

	挪威	英国	法国	德国	荷兰
充电站	2018	4000	7766	5934	6543
充电器	8837	12136	33423	16928	12204

注 资料来源 Charge Map，登记数据属于公共充电桩，可能有偏差。

（1）挪威纯电动和插电式混动汽车已经占到了28%以上，保有量12.4万，在欧洲排第一位。挪威的充电设施发展比较早，2011年建了一批充电设施（1000个），随着后续 IEC 标准实施，到2015年年底为1500多个，到现在为2000个充电点。挪威主要是靠有力的政策推动充电设施的发展，如插电式混合动力汽车减免部分登记税、公共停车场免费停车和免费使用充电设施、减免登记税，减免年度牌照费、免交过路费、免除增值税等。

（2）法国是欧洲充电设施数量最多的，目前达到了7766个充电站，33423个充电器。法国主要由政府部门和电力企业推进充电基础设施建设。2015年 EU's TEN-T Programme 开始在高速公路周边兴建充电桩，来打通城市之间的服务。法国的充电桩以交流充电桩为主，快速充电桩比较少，不是以公共道路路边充电为主，而是发展了停车场、商店、经销商等多元化的充电模式。

（3）德国。这里主要介绍德国充电设施建设运营情况，主要是因为德国的充电设施发展模式多样化、充电漫游和支付的实践比较突出。

《德国国家电动汽车计划》提出，电动汽车应加快市场化步伐，特别是在短途交通领域，联邦政府提出，2020年在德国公路上行驶100万辆电动汽车，2030年达到500万辆，2050年城市交通基本不使用化石燃料。为了确保上述目标的顺利完成，德国 NPE 在2020年充电设施发展路线评估中，提出在私人领域、半公共领域、公共领域分别建设102.2万、10.3万、7000个交流充电桩的目标，同时在半公共区域建设7100个快速直流充电桩的目标。

截至2015年年底，德国公共充电桩保有量约为5571个，其中快速直流充电桩784个，普通交流充电桩4787个。由于德国充电基础设施的建设速度明显慢于电动汽车的发展速度，因此，德国联邦政府也加大了充电基础设施的扶持力度，将投入 3 亿欧元用来新建充电基础设施。

德国电动汽车公共充电站主要有五种运营模式（见图 2-10）：

图 2-10　德国电动汽车公共充电站主要有五种运营模式

1）整车厂建设运营：整车厂为自己的顾客建立专属充电站，占比 25%。

2）独立电力供应商建设运营：采用订购模式，通常通过短信或预充值的充电卡付款，占比约 25%。

3）供电商平台建设运营：由当地不同供电商合作，制定统一标准的平台，允许顾客使用彼此的充电站，占比约 35%。

4）相关商业设施所有者提供运营：包括便利店、超市等，供应商网点众多，占比约 5%。

5）私人提供者出租自己的家用充电桩，占比约 10%。

各种充电设施商业模式探索见表 2-4。

表 2-4　　　　　　　　　　充 电 设 施 商 业 模 式

模式	代表公司	特点
路灯充电	Ubitricity	柏林路灯电动汽车充电桩
过顶延伸模式	史瓦科	将电动汽车充电桩和寻常的停车自动收费机合二为一，并且配备上各种付费方式：RFID 芯片，SMS 短信扣费，QR 二维码扫描付钱等，同时还具有可上网功能，采集处理充电与车辆数据
充电桩＋网络模式		将充电桩改造成除了可以提供能量，也可以提供 WiFi、地图、广告显示、失物招领等多种功能桩
汽车分享模式	Drive Now	大街上停满各种可供开走的汽车，已经登记的会员可以拿着信用卡刷卡开车走人，按分钟计费，租车就像买手机套餐
O2O 模式（线上与线下的对接模式）	新激情	充电设备与电子商务结合，智能手机还可下载这个公司的 App 应用，帮助寻找最近的充电桩，自动获取导航路线和相关信息

平台充电和支付系统。德国 NPE 提出为了高效使用公共充电基础设施，强调可互操作的接入和支付系统至关重要。在发展初期，德国出现了多种形式的充电授权和付费方式。

为保证充电的安全性和便捷性，德国主要出现了两种形式的充电漫游平台实现跨平台、跨区域充电：所有连接的运营商签订统一的合同，实现平台内充电设施通用和收费系统统一；运营商通过双边或多边协议建立漫游平台。在支付方面，越来越多的平台开始支持移动支付（包括信用卡）或 NFC 支付等直接支付方式。

随着德国财政部计划提供 12 亿欧元补贴，从 2016 年 5 月起，购买纯电动汽车的用户可获 4000 欧元的补贴，购买 PHEV 可获 3000 欧元的补贴。充电桩端，政府拿出 3 亿欧元鼓励 CCS 的直流充电设施建设，德国三大车企和福特签署备忘录在欧洲建电动汽车快速充电网（350kW）。

（4）英国在整个欧洲属于应用端，各方车辆在这里公平展开竞争，中国车企在英国也有一些布局。英国的充电桩增速和电动汽车销售增速都比较靠前，充电设施原本集中于城市，直流快充建设也在稳步增长，如图 2-11 所示。

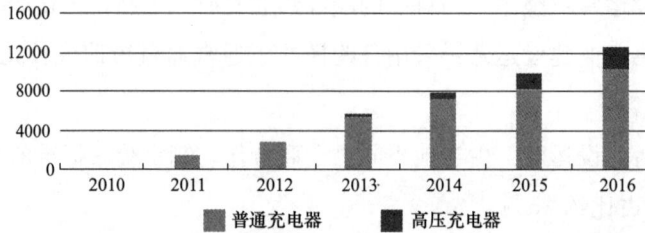

图 2-11　英国的充电设施增长情况（单位：个）

英国电动汽车充电网络商业运行的网络布局情况，Zap map 和 Open Charge 有部分是重合的，整体数值为 12000 万座充电桩。其中商业运营的充电网络包括：

1）Polar Plus＋有 4000 个充电点，加入时候 6 个月免费，每个月 7.85 英镑。

2）Charge Your Car（CYC）：拥有 2000 个充电点，年费 20 英镑。

3）Electricity：主导高速公路周围的直流快速充电桩。

4）其余还有 POD Point、Zeronet 和 Charge Point Genie 等电动汽车充电网络。

2016 年总体来看，欧洲的电动汽车增长趋于平缓，一些富裕国家的渗透率随之稳定；欧洲的基础充电设施发展，前期聚焦于城市，未来会打通高速公路线，让用户可以使用电动汽车更方便地进行城际旅行。

2.5　中国电动汽车充换电网络建设情况

2.5.1　中国电动汽车充换电网络建设总体情况

电动汽车充换电网络是为电动汽车提供能源补给的基础服务网络，其建设运营以及长足稳健发展，是推动电动汽车规模化发展的可靠保障，是电动汽车产业领域的有机组成部分。全面提升电动汽车充换电网络发展水平，是优化资源配置的关键路径，是全面推进电动汽车产业发展的基础环节。

我国政府一直积极推动电动汽车充电网络的建设，在充电网络平台方面开展了大量的基础性工作，取得了一系列国际领先的成绩。为了积极配合国家新能源发展计划，树立责任央企良好的社会形象，国家电网公司一贯以来积极引导和推进电动汽车充电设施的建设。国家电网公司承担了多项电动汽车充换电国家标准的制定工作，已经发布《国家电网公司能源供给运营模式研究报告》《国家电网公司"十二五"电动汽车充电服务网络发展规划》等。

截至 2017 年 8 月，中国电动汽车充电基础设施促进联盟内成员单位总计上报公共类充电桩 185990 个，其中交流充电桩 72194 个、直流充电桩 47736 个、交直流一体充电桩 66060 个，2017 年 8 月较 2017 年 7 月新增公共类充电桩 5306 个。从 2016 年 9 月到 2017 年 8 月，月均新增公共类充电设施约 7791 个，2017 年 8 月同比增长 101.1%。截至 2016 年年底，中国新能源汽车保有量超过 100 万辆，车桩比仍保持在 7∶1 的高位。国家电网公司先后建成投运智能充换电服务网络浙江示范工程、青岛薛家岛示范工程、苏沪杭城际互联示范工程、北京高安屯示范工程四大示范工程。

2016 年，国家电网公司加快城市和高速公路快充网络建设。累计建成充换电站 5528座、充电桩 4.2 万个。建成京哈、京港澳、京沪、沪蓉、沪渝、环首都、环杭州湾等"六纵六横两环"高速公路快充网络，覆盖城市 95 座、高速公路 1.4 万千米，实现了我国充电设施建设由点到面、由城市扩展到城际，为电动汽车用户长距离行驶提供了充电保障。目前，国家电网公司以京津冀鲁、长三角和其他重点城市为重点，规划建设"七纵四横两网格"高速公路快充网络。同时，积极推进"互联网＋"充换电服务，开展电动汽车车联网平台建设。

2.5.2　中国电动汽车快充网络建设情况

1. 从地域角度来看

（1）北京电动汽车快速充电设施建设与运营情况。根据北京市发改委发布的《北京市电动汽车充电基础设施专项规划（2016—2020 年)》，2016—2020 年需配建电动汽车充电桩约 43.5 万个。其中，社会公用领域，按照公用充电桩与电动汽车的比例不低于 1∶7 的要求，需配建公用充电桩 6.5 万个；私人自用领域，需配建充电桩 36 万个；公共专用领域，坚持充分挖掘自有场站空间资源和高效利用社会公用充电网络相结合，公交、物流、公务、出租等领域配建公共专用充电桩约 1 万个。

截至 2016 年 12 月，北京市共建成各类充换电站点 800 余座、充电桩 1 万余台。在公共领域充电设施建设方面，共建设充电站点 700 余个，充电桩近 6600 台，服务私人电动车。其中，五环以内的核心城区充电站点达 300 座，占比接近 40%，基本形成服务半径 1km 的充电网络。2017 年 1 月北京天桥艺术中心电动汽车快充站正式投运，该站点共配置 100 台直流快速充电桩，是首都核心区规模最大、服务能力最强的电动汽车公共充电站点。该站运用新的充电技术，充电时间可缩短至 15～20min。北京市还加大了公共快充桩建设力度，其中在房山燕山轻轨站停车场、昌平霍营地铁站停车场等交通枢纽，在石景山区沃尔玛山姆会员商店、亦庄开发区城乡世纪广场等大型商超公共停车场，在天桥艺术中心、国家大剧院等文化娱乐聚集区，都建设了公共快充站点，方便电动车车主出行。同时，为方便电动车用户跨省出行，加快高速路充电设施建设，在进出京的 11 条高速公路的 22 个服务区均建设、投运了快速充电桩，充电桩数量达 100 台。在专用领域充电设施建设方面，北京电力还建设充电站点 80 座，充电桩 3000 余台，主要服务于电动公交车、出租车和环卫车等基础设施领域。

数据显示，截至 2016 年年底，北京电力建设的电动汽车充电网络累计为 8.5 万辆电动汽车提供充电服务约 400 万次，充电量约 1 亿 kWh，服务的车辆行驶里程约 3.2 亿 km，实现二氧化碳终端减排 10 万 t，对北京的节能减排、除霾治霾工作起到积极的促进作用，全面助力首都清洁空气行动。

（2）上海电动汽车快速充电设施建设与运营情况。截至 2016 年年底，上海共有城市公共快充站 227 座、高速公路快充站 22 座、公交充电站 12 座、储能公共快充站 2 座，充电桩总计 5084 台。其中，高速公路快充站已实现上海域内高速公路服务区的全覆盖。2017 年，国网上海电力将加快城市公共快充网络建设，计划新建城市公共充电站 99 座、792 台直流充电桩，新建城市公共离散充电桩 4000 台，形成中心城区平均 2km 充电服务圈；另将新建公交充电站 14 座、660 台直流充电桩，进一步提升电动公交服务能力。

（3）浙江电动汽车快速充电设施建设与运营情况。截至 2016 年年底，国网浙江电力已在浙江建成电动汽车快充站 404 座、快充桩 2752 个，在杭州市核心区实现 2km 充电服务半径。其中，浙江省高速公路服务区累计建成投运快充站 124 座、充电桩 496 个，在国内首次实现全省域主要高速公路服务区快充网络全覆盖。据了解，国网浙江电力建设运营的充电服务网络已累计对外提供快充服务 34.3 万次，充电电量超 500 万 kWh。

（4）湖北电动汽车快速充电设施建设与运营情况。湖北省在 2016 年内共新建高速快充站 55 座、城区快充站 59 座，加大以武汉、襄阳为中心的城区公共快充站布点，顺利完成武汉、襄阳两座示范城市城区及京港澳、沪蓉高速沿线 21 座充电站技术改造任务。

2. 新型充电设备

（1）新型充电设施—立体式充电站。为了满足越来越多的电动出租车充电的需求，比亚迪、国家电网公司在深圳合作建设立体式充电站。2012 年 11 月，首座立体式充电站已在深圳坪山比亚迪总部落成。

随着深圳市 E6 纯电动出租车数量的不断增加，如何在"寸土寸金"的市区里建设充电配套设施就成了十分重要的议题，因此比亚迪提出了"空中纯电动车充电塔"和"3＋3 循环式立体充电机"的解决方案，利用空间解决城市中心"无车位、充电难"问题。比亚迪的空中纯电动车充电塔有 10 层，采用圆形塔楼结构，每层能停放 40 台车，整栋楼可以停放 400 台车。比亚迪的空中纯电动车充电塔除了提供停车和充电的服务外，还配置了维修车间，能够对车辆进行保养与维修。除此以外，在塔楼的休息室能够实时了解每一台车辆的充电状态。每个停车位都带有一个 40kW 的快速充电设备，总装机容量达到 2950kW（含照明及空调）。把停放于立体充电机最高位置的车辆移动到地面的时间在 3min 以内。

2015 年，深圳已出台立体式充电站技术规范 SZDBZ 148—2015《电动汽车立体充电站设计施工规范》，从工程建设上制定了设计施工规范。

（2）北京鹏龙大厦充电站。北京鹏龙大厦充电站是北京第一个地上立体车库充电站，是平移升降式立体车库，是北汽特来电建设的代表性充电站之一（见图 2-12）。该车库仅占用 8 个停车位的空间，分为上中下三层停车位，共计容纳 34 个慢充桩和 1 个快充桩。用特来电 App 扫一下设备终端的二维码或者输入二维码下方的终端编号，进入充电确认页面，点击"立即充电"就可以进行充电了。特来电 App 的远程操控和支付功能非常方便，只要充电插头与车辆连接好，通过手机软件操作，哪怕不在车子的附近，也可以远程控制。同时，也免去了使用各种充电卡给车主们带来的不便。

图 2-12　地上立体车库充电站

（3）康迪全自动充电式立体停车库。由浙江康迪车业有限公司推出，为杭州租赁市场的康迪小电跑量身定制的电动汽车充电车库，在占地面积不到 100m² 的空间里，可以同时容纳 30 辆康迪小电跑电动汽车进行充电作业。其高度和尺寸可以根据用户需求、地理环境进行个性化设计，停车数量最高可达 100 台，非常适宜建在商业中心区、体育馆、医院、宾馆、酒店、办公楼等面积较小的场地内，以帮助康迪电动车成为市民上下班、回家的摆渡好帮手。

此车库具有电动汽车日常监测维护及能源供给、车辆存放和办理租车业务等功能。车库配备的车辆出入库定位机械装置，可快捷准确地实现车辆入库、入位和出库。而配电充电系统可对入库定位的车辆自动进行充电。用户将车辆驶入车库后，只需将充电插头插上电动汽车，车库内的升降梯就将直接运送车辆至各层车位。而用户还车时，只需拔出充电插头即可。利用这个智能立体车库可对车辆做到集中购置、集中管理、集中充电、集中维护、分散租用自驾。

电动汽车充换电运营模式及关键技术

3.1　电动汽车充换电运营模式

3.1.1　国外主要运营模式

随着电动汽车产业的快速发展，国际上对充电设施运营也积累了一定的经验，其中有以整车厂主导设施建设运营，从而促进电动汽车销售的特斯拉；以运营商主导建设运营，商家出资购买并与运营商共享运营收益的 ChargePoint；利用现有城市基础设施建设充电设施的 OTT（Over The Top）模式。

1. 整车厂主导建设模式

整车厂为推广自身产品，让消费者对电动汽车产品更有信心，解决消费者的里程焦虑问题，主动布局建设充电基础设施，以特斯拉公司为典型代表。特斯拉公司自成立之初，就开始在美国主要干道上的餐厅、商店、旅游景点、咖啡店、休息站、加油站周边进行布局，建设面向自身产品用户的超级充电站。与此同时，特斯拉公司也和电网公司合作，提供为用户在家庭停车位建设私人充电端口的服务。这种模式对整车厂的资金量要求较高（自身资金不足以支撑相应的建设运营规模时，需要寻求合作伙伴），但是这种模式也有利于形成用户口碑进而扩大市场份额。随着市场布局的逐步扩大和成熟，这种模式正在从免费模式转向收费模式。

2. 运营商主导模式

在美国，大部分充电基础设施是由充电设施专业运营商进行经营的，其中以 Charge-Point 公司为典型代表。在公共领域，ChargePoint 将充电桩卖给商家（大型商场、超市、酒店等），大部分商家为用户提供免费充电服务，从而吸引更多的顾客，增加主营业务的收益。在私人领域，ChargePoint 开展 Multi-Family Home Service 业务，ChargePoint 承担住宅区充电桩的安装费用，用户按月提交使用费用 39.99 美元，电费则由住宅物业公司收取。此外，ChargePoint 基于全美范围内的电动汽车充电位置共享信息，为用户提供充电站位置、实时充电监控、充电预约提醒、故障报警等信息，同时通过大数据挖掘提供增值服务。

3. OTT 模式

利用现有的城市基础设施网络，进行充电站建设，扩展原有基础设施的服务功能。例如，将充电与停车结合起来，促进充电设施建设。德国将路灯改造为充电设施，可节约充电设施建设成本约 90%。目前，德国现有的约 1 亿座路灯灯柱中，约 1%～2% 可以通过改装成为充电桩。此外，史瓦科公司的"充电直通车"产品则是在停车自动收费机的基础上集成充电桩功能，这种模式依托现有基础设施网络，可以大大降低充电基础设施的建设成本。

3.1.2　我国主要运营模式

目前，国内外电动汽车充电站都还在摸索成熟的商业模式。商业模式难以形成的主要原因是建设成本高和盈利能力低。对于公共充电桩，一方面是充电设施建设成本高昂，其成本严重受制于城市建设用地的征地费用。在电力报装、工程施工等方面存在周期长、流程复杂等问题，进一步增加了建设成本和时间成本。建设成本较高，电动汽车车主被迫通过缴纳充电服务费分摊这项成本。结果导致电动汽车的综合成本与传统汽车相比没有明显优势，抑制了消费者购买电动汽车的热情，形成了恶性循环。另外，盈利渠道严重不足，仅凭政府财政补贴和充电服务费很难在短期内收回成本的。

1. 主流商业模式

目前主流的运营模式有政府主导、电网企业主导、汽车厂商主导三种。

（1）政府主导模式。政府为主导的充电桩运营模式，即政府作为电动汽车充电桩的投资主体，政府组织汽车厂商、电力供应商、设备供应商共同参与充电桩的建设与运营，代表国家有日本和美国。

该模式适用于电动汽车发展初期、商业化运行规模较小的阶段，需要政府鼓励和扶持企业从事充电桩的建设。政府出资建设运营充电桩，产生的亏损可由财政负担，可促进电动汽车商业化运行的实施和发展，但是随着充电桩数量的增加，投资需求增大，政府财政将难以支撑，且该模式由于缺乏市场竞争，会导致充电桩项目效率低下。

（2）电网企业主导模式。电网企业为主导的充电桩运营模式，即电网企业作为电动汽车充电桩的投资主体，负责电动汽车充电桩的建设与运营，充电设施具有完全的商业化性质，代表国家有法国和德国。该模式适用于电动汽车商业化运行规模较大，充电用户规模和服务需求相对稳定，投资渠道通畅。目前已有国家电网公司、南方电网公司承担电动汽车充电桩的建设。电网企业建设充电桩具备电力资源优势、网络传输优势和技术标准优势，但是缺少终端销售网络和充电桩的运营经验。

（3）汽车厂商主导模式。汽车厂商为主导的充电桩运营模式，即汽车厂商为促进电动汽车的推广需要，自己投资建设充电桩，如通用、丰田等电动汽车生产企业都是自己建设运营充电桩，为用户提供商业化的充电服务。

该模式适用于电动汽车商业化运行规模较大、充电服务基础设施良好、商业化条件成熟、投资渠道通畅的发展阶段。汽车厂商投资充电桩，是将充电桩的建设视为电动汽车后市场服务的部分内容，将产品与服务价值链整合，也是按照市场化原则实施商业化运作。但是当充电桩大规模增加时，提供的电力和技术可能无法满足实际需求，充电桩利润受到电价波动的影响。

2. 创新商业模式

由于市场目前还处于培育阶段，充电数量方面还难以保证，这也是为何大多数公用充电桩难以盈利的原因。而从长远来看，随着电动汽车不断推广，充电设施建设与运营产业链也将逐步盘活，充电需求将显著增加。电改放开后，充电设施建设实现市场化，民营资本有望进入，而充电设备企业具备熟悉市场的优势，同时转向下游环节所带来的协同效应也将充分显现。随着各界资本纷纷进入充电运营领域，设备企业＋资本进行的转型将带来各种运营模式的创新。

市场主体多元化有利于进一步挖掘充电设施行业相关的附加价值，使得充电设施运营与超市、零售店客户吸引，电动汽车维修、电动汽车销售拉动、客户汽车数据监测等大数据平台相结合，进而能够为运营商提供附加增值。以北京华贸模式为例，一方面运营商北京富电收取 1.5 元左右的充电服务费；另一方面与华贸中心签署分享吸引客户的提成的相关协议，大大降低了运营商单纯依靠充电服务费模式下的收益风险，增加了项目收益的确定性。目前，市场参与者们进行了积极探索，积极引入公私合作的 PPP 模式、融合互联网思维的众筹模式以及分时租赁模式等的创新引起了积极反响，电改推动行业参与主体市场化将为市场主体的各类模式探索提供便利，进一步确立了未来充电设施运营的可持续模式，由单纯的充电服务转向综合的数据服务、金融服务、信息服务等平台，实现线上与线下的融汇贯通，也进一步打开了行业的发展空间。

（1）众筹模式作为互联网思维下的创新商业模式，由项目发起人、支持者和平台构成，通过整合社会资源、分摊成本、合力共赢的形式，可有效提升项目效率。公共充电桩建设作为新能源汽车推广的重要环节，存在成本高、规划不完善、盈利模式不清晰等问题，而众筹模式的加入则恰好解决了这些难题。

常州众筹模式采用了众筹资本（土地）＋收益分成模式，通过众筹方式在市内建设1500 个充电桩，由符合拥有五个以上自有停车位和富裕电容等条件的合作伙伴自行提出申请，经运营商收集信息、筛选后报规划部门，最终确定合理地点建桩。整个过程中申请者只需提供场地而不需承担建设成本，且建成后申请者将会永久分得一半的充电服务费。

（2）PPP（Public Private Partnership）模式是一种公私合作的项目融资模式。具体应用到公共机构充电桩建设上来说，就是按照"谁建造、谁运维、谁使用、谁付费"的原则操作，各单位根据需求提出充电桩数量，充电桩运营企业根据场地实际情况来配置、安装充电桩，并负责后期运营维护，需要充电的车主则根据实际使用情况付费。

采用 PPP 模式建设充电桩有三方面好处。

1）可以减少公共支出。充电桩的需求量是变化的，而现在公共机构充电桩的建设，大多是由政府财政支出，因此，需要提前做预算，而财政预算一旦定下来就较难更改，调节空间不大。PPP 模式下，让市场来参与，一定会更加灵活。目前使用充电桩需要支付两笔费用：电费和服务费。若采用 PPP 模式建设充电桩，服务费就可由运营企业来收取，也正是看中未来庞大的充电桩使用市场，运营企业自然愿意支付建设费用。这样一来，公共支出就可省下。

2）可以打通支付方式。机关单位自己组织建设充电桩，不仅需要投入一定时间，而且由于自身专业化程度不高，实际操作会遇到不少困难。其中，最头疼的是不同充电桩运营企业的收费协议不统一。比如电力公司建设的充电桩，只能刷电力公司的支付卡才能收费充电；而普天公司建设的充电桩，只能刷普天的卡。若采取 PPP 模式建设，不同充电桩运营企业之间用银行卡、支付宝等相对统一的方式来支付，即可解决这一问题。

3）可以提高专业化服务水平。采用 PPP 模式建设，可通过市场化的方式引入社会力量，既让车主享受到专业化的充电服务，又可避免传统物业运维上的麻烦。目前，在充电桩建设完成后，运维由传统物业来承担，本就有不少问题：如传统物业对新能源充电桩如何防爆、如何处理渗水等应急管理都缺乏经验，车主在使用充电桩时，因为系统问题造成死机、锁卡等情况，传统物业也不会处理和维修。PPP 模式下，运维责任由建设方来承担，这样就可以引进充电桩运营企业专业化的服务，提高运维水平。

（3）电动汽车分时租赁是指服务商以小时为单位向消费者提供电动汽车租赁服务的经营方式。当前，由于消费者对电动汽车产品缺乏充分了解等原因，我国电动汽车推广和市场化面临瓶颈。通过分时租赁的方式，消费者能够在租赁过程中了解电动汽车产品，进而加快其推广和市场化进程。一般而言，电动汽车分时租赁模式的形成主要包括确立运营主体、识别潜在消费者和整合关键资源等环节。目前，我国电动汽车分时租赁处于起步阶段，其模式面临运营主体乏力、潜在消费者模糊和关键资源分散等问题。

1）租赁站点模式。在租赁站点提取和归还车辆，用户在 A、B、C，X 点都可以取车和还车，通过智能车位来实现充电、还车和取车。在此种模式下，由于有了车内智能设备和智能充电桩的模式，可以实现无人运营。

优点：运营所需要的人力较少，由用户自己完成充电补电；实现难度较低：通过配置充电终端和车内基本通信模块即可实现。

缺点：用户体验一般，用户在使用车辆之前需要往租赁点去；铺设租赁点成本较高，为了达到用户便利性，必须提高网点的密度，这样的结果是车位成本和服务点成本建设都较高。

2）自由流动模式。在某些区域内任意地点提取和归还车辆，这种模式下不设置任何固定地点，用户在一定区域内任意地点取车和还车，这种模式下用户只需要单程租车，开到公共停车位即可。

优点：用户体验度较好，因为是单程租车，可以将车辆使用过后直接停到停车位上；投资成本较低，公共停车位可以与充电桩做一定程度的分离。

缺点：人力成本较高，车辆停置在公共停车位充电，如无人取用，需要专门的服务团队将车辆放置在取用点；当电池电量低于一定数值的时候，需要自动引导客户开到最近的充电桩；如果出现用户不按照导航充电，可能导致车辆电量耗尽，需要维护人员拖车的情况发生。

3.1.3 运营模式借鉴

我国主要通过"电费＋服务费"的方式进行充电设施运营，由于充电设施投资大、运维费用高，我国充电设施运营商普遍处于亏损状态。为保障充电基础设施产业的持续发展业态，我国可部分借鉴美国 ChargePoint 与德国 OTT 模式，通过与基础设施结合推进充电设施建设，通过增值服务增加运营收益。

（1）目前我国各运营商均建设有独立的充电设施服务平台，且随着我国信息交换标准的发布，各平台之间的数据得以实现互联互通，为大数据挖掘和增值服务奠定基础。

（2）我国城市土地资源紧缺，充电设施建设宜与现有基础设施（停车场、路灯等）结合，完善充电设施布局。

3.2 电动汽车充换电运营关键技术

3.2.1 有序充电技术

由于电动汽车作为充电负荷在时间和空间上的不确定性，使得规模化的电动汽车充电给电网的运行和控制带来新的挑战。电动汽车电池作为分散式的储能装置，若能有效利用，可以作为电网的可调度资源以平抑电网的峰谷差。因此，如何通过对电动汽车充电的合理控制，规避规模化电动汽车充电给电网带来的负荷波动，有效平抑电网峰谷差以提高电网利用效率，成为亟待解决的重要问题。

一般采用蒙特卡洛方法模拟用户充电需求从而建立电动汽车负荷模型。蒙特卡洛模拟是一种随机模拟方法。基于概率和统计理论，使用随机数进行计算机模拟或抽样，以获得问题的近似解。根据已掌握的电动汽车充电行为数据，建立电池起始充电电量 S_s 和电池结束充电电量 S_e 的概率模型。根据人们的日常行为习惯服从正态分布的特点，建立用户到达充电地点的时间 T_c 和取车时间 T_g 的概率模型。然后对所得出的概率分布的概率模型进行随机抽样。根据 S_s、S_e、T_c、T_g 的抽样结果可近似建立电动汽车负荷模型，从而实现采用蒙特卡洛方法模拟电动汽车用户的充电行为。

3.2.2 智能缴费技术

充电桩可以采取 IC 卡刷开支付方式，也可以通过智能手机的 App 完成充电费用支付，或者使用智能手机扫描二维码进行支付，而无须使用信用卡或者呼叫客户服务。在提供便捷操作、界面友好、智能多样的充电设施的基础上，以移动终端 App 开发为基础，以软件应用内容为核心提供充电支付服务；改进用户服务体验，提升充电桩的运营效率与效益。

3.2.3 物联网技术

从电动汽车智能充换电服务的业务和技术需求出发，依托物联网技术应用，提出基于物联网的电动汽车运营管理总体架构（见图 3-1），为电动汽车充电服务网络运营管理提供先进技术支撑。

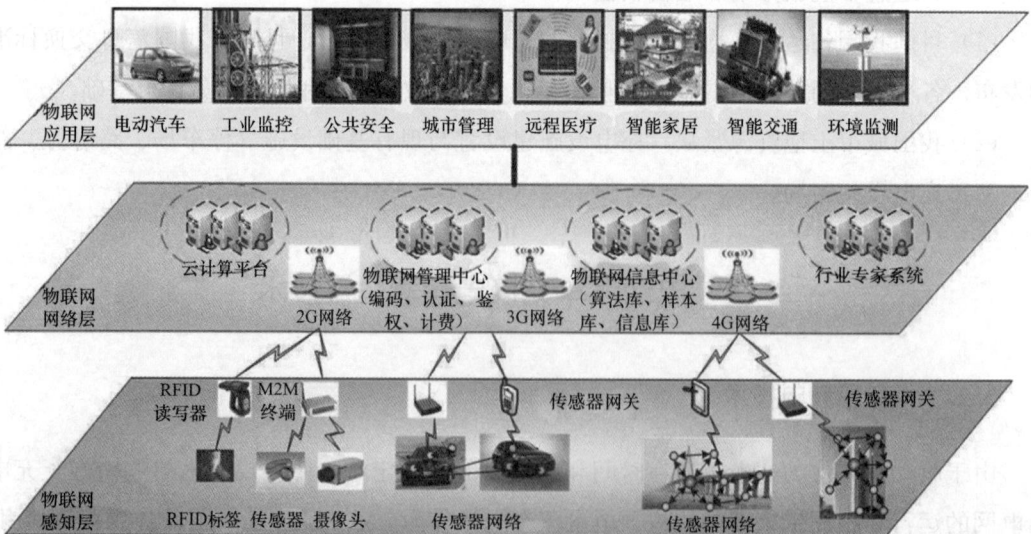

图 3-1 基于物联网的电动汽车运营管理总体架构

感知层利用网络中广泛部署的传感器节点、车载终端、手持终端、摄像头等采集设备，基于 RFID、传感器等各类感知技术，完成各类应用场景下电池的状态信息、身份信息、电动汽车状态信息、位置信息，智能电卡身份信息、充换电设施信息等各类信息的感知与采集，并通过网关传输到网络层。网络层采用有线通信和无线通信多种通信技术，完成充换电服务网络各组成部分之间的信息通信。在网络层，需要着重对数据的路由转发机制和主动信息推送机制给予关注。应用服务层对于从网络层获取得到的各类感知数据进行分析处理，最终实现高效的广域电动汽车智能充换电服务。应用服务层可细分为三个层次，最下层为数据层，对于接收到的感知信息，需要一定的规则和形式，实现信息存储与数据映射；中间层为服务层，通过对服务网络的各种功能进行抽象与分类，将其归结于不同的服务类别，并为具体应用提供服务接口；最上层为应用层，完成服务网络的各类具体业务应用，安全防护技术应用于网络的各个层次，为终端的信息感知、网络数据传输以及具体应用业务提供安全保护功能。

3.3 电动汽车公共充电网络存在的问题

电动汽车充电设施现有运营模式与其发展模式不相适应，主要表现在以下几个方面。

（1）电动汽车充电设施现有计量计费策略已经不适应快充模式，快充模式主要为电动汽车提供快速补电服务，需要开展新型计量计费策略研究，引导电动汽车用户快速补电，实现需求侧管理，并为电动汽车有序充电提供重要参考。

（2）随着电动汽车立体式充电停车库、立体式充电塔等新型建站模式的逐步完善，快充站的布局更加复杂，需要加强充电车辆智能引导。电动汽车能源补给方式逐步转型，需要为电动汽车用户提供充电状态查询及充电完成提醒、动态分配充电车位、卡管理、身份识别、自动导引等服务，在出站时一次性收取各项费用，全方位、全过程引导电动汽车完成快速补电。而电动汽车现有站级监控系统仅监测供电系统、充换电系统、安防系统的状态、信息，并发送指令。

（3）电动汽车充电设施正逐步形成规模，国内外已经对电动汽车充电设施运营经济性进行了大量研究，但在快充模式下电动汽车充电设施运营经济效益提升方面还面临很多新的问题，相关政策和运营管理模式的优化缺乏充足的理论基础和实践依据。因此，提升电动汽车充电设施运营质量，以及如何评价结合快充模式的电动汽车充电设施经济性能，成为电动汽车充换电技术领域的新课题。

电动汽车充电、停车需求分析及计费影响因素

4.1　电动汽车快充模式下不同应用场景下业务需求

快充模式在不同应用场景下，电动汽车充电、停车的业务需求也不相同。目前，主要的应用场景包括公共服务领域专用快充站、居民区快充车位、公共机构和企事业单位内部停车场专用快充站、公共场所停车场专用快充站、高速路快速充电服务区等。

1. 城区快速充电

城区快速充电应用场景主要包括用于环卫车、物流车、出租车等专用车辆的公共服务领域专用快充站（见图4-1）、居民区快充站（见图4-2）、公共机构和企事业单位内部停车场专用快充站（见图4-3）、位于公交枢纽、大型商场等公共场所停车场的专用快充站（见图4-4）。

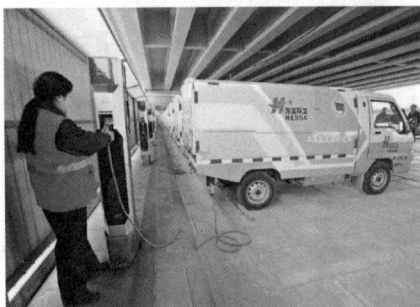

图 4-1　环卫车专用快充站

图 4-2　居民区快充车位

公共服务领域专用快充站属于专用充电站，不需要收取停车费用，但是一般充电车位较多，有身份识别、车位导引需求，部分情况下还需要收取停车费用（如出租车专用充电站）。

图 4-3　企事业单位内部停车场专用快充站

图 4-4　北京西站地下停车场充电站

居民区快充站、公共机构和企事业单位内部停车场专用快充站无须收取停车费用、可充电车位也较少，一般没有车位导引、停车费收取需求。充电用户一般是附近居民或者单位职工，停车充电后很可能回家或者回单位，而无须在停车后立刻取走车辆。为了提高快速充电设施的利用率，系统应该具有充电状态提醒功能，在充电完成后提醒用户及时取走车辆，降低其他用户等待时间。

位于公交枢纽、大型商场等公共场所停车场内的专用快充站一般需要收取停车费，停车位多，电动汽车充电用户寻找可充电车位存在一定困难。因此需要车辆导引功能以及身份识别功能。车辆导引功能可以对车辆的充电路径进行引导，降低电动汽车寻找车位时间，也防止普通车辆误入充电车位。身份识别功能可以通过车牌和 RFID 射频卡区分普通燃油汽车和电动汽车，以对燃油汽车和电动汽车采取不同的停车收费方式。计量计费模型需要考虑停车费用，完成对电动汽车的充电费用和停车费用的计算。当电动汽车通过停车场出口时，由一体结算功能完成充电和停车费用的一次性结算，降低用户多次缴费，简化缴费过程。

2. 高速路快速服务区

高速公路服务区快速充电站（场景见图 4-5）为高速公路电动汽车用户提供速充电服

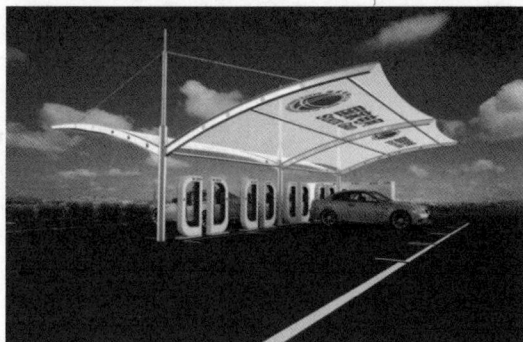

图 4-5　电动汽车高速公路快速充电站场景

务，计费模型中可不考虑停车收费，功能设计中不考虑车辆导引功能，必要的功能应包括充电设施监控管理、充电费用结算、身份识别、卡管理、充电状态提醒等。

4.2　电动汽车充电、停车需求建模分析

4.2.1　电动汽车充电需求建模

1. 电动汽车车辆充电时刻

在充电模式下，考虑电动汽车的充电时段选择只有在不影响其原定行驶的空闲时段，因此，在充电模式下电动汽车仅在某次行驶行为结束之后才判断是否有充电需求。不考虑电网对于电动汽车用户所采取的激励措施等，仅考虑车辆依据自身电能补充需求选择入网时刻，可将单台车辆一天的行为以图 4-6 表示。车辆是否具有接入电网进行充电的需求主要是由停驶时刻的剩余电量和停驶的时间长度决定的。一般情况下，电动汽车的用户在电池剩余电量较低并且停驶时间长度较长的情况下，才会具备入网充电的需求。

车辆在一天中的时段可依据行为分类：行驶时段、可充电时段、停驶无充电时段。电动汽车在每次行驶行为结束后，依据剩余电量以及该次可停放时长判断是否具有充电的需求，若有需求，则车辆接入电网进行充电，若没有需求，则车辆仅停放并不进行充电。图 4-6 中的 B、D、F 时段为车辆的行驶时段，A、C、E 时段为停驶阶段，其中 A、E 时段为车辆的可充电时段，C 时段为车辆停驶但不具备入网需求的无充电时段。

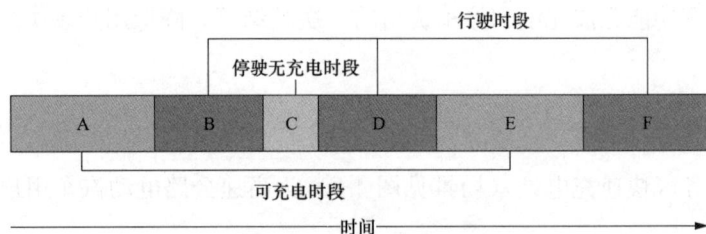

图 4-6　车辆行为示意图

车辆在停驶时刻是否具有接入电网进行充电的需求主要是由其在停驶时刻的剩余电量和停驶的时间长度决定的。一般电动汽车的用户在电池剩余电量较低并且停驶时间较长的情况下，才会具备入网充电的需求。

考虑到车辆在两次行驶之间的时段，即图 4-6 所示的 A、C、E 时段，若可入网时长过短则并不能为车辆进行有效的电量补充，因此认为车辆用户在停驶时间过短的情况下，不会具有在该次停驶中充电的需求，可为每辆车设置入网时长阈值，可允许接入的时间低于

自身入网时长阈值的车辆不会产生用电需求。考虑到车辆之间的差异，将入网时长阈值作为随机变量。

除入网时长外，认为车辆充电需求还与其电池剩余电量相关。当有足够时长并且剩余电量低于某值时车辆即具有充电需求，可将该值称为接入阈值，考虑到电动汽车实际充电情况在一天中的差异，可将接入阈值细分为低电量阈值和储备阈值。

考虑公共场所由于无空闲充电桩而无法为车辆提供服务的情况，可将车辆在公共场所需求被满足的概率设置为 0.8，即电动汽车在公共场所产生需求时，有的 80% 充电需求会被满足。

2. 电动汽车电量消耗

若计算电动汽车的日消耗量，必须描述车辆在一天中的行驶情况。考虑到车辆时速的不断变化会对行驶距离造成影响，进而影响电池电量消耗的过程，因此将每台车辆的每个时刻时速 S 作为一个随机变量，不同时刻的速度取值正态分布，本章的每个时刻表示分钟的时长，可认为车辆速度在 1min 内是恒定的。对单台电动汽车可以描述其在一天中的电量消耗过程

$$Q_{re,t+1,n} = Q_{re,t,n} - \frac{Q_{total}}{D_{total}} \times D_{per,t,n} \tag{4-1}$$

式中：$Q_{re,t,n}$ 为该电动汽车在 t 时刻的剩余电量；$Q_{re,t+1,n}$ 为该电动汽车在 $t+1$ 时刻的剩余电量；$D_{per,t,n}$ 为在时段行驶的距离，电动汽车在各时段的运行距离是依据电动汽车出行出发时间分布、单次出行距离分布、车辆速度分布共同确定的；D_{total} 为车辆满电时的续航里程；Q_{total} 为电池满电时候的电量。可知车辆的电量消耗仅发生在图 4-6 所示的行驶时段，即 B、D、F 时段。

3. 车辆的出行时刻与单次出行距离

由于电动汽车目前规模较小，采用普通私家车辆出行规律来代表电动汽车出行规律进行分析。秦焕美等学者对北京市居民小汽车出行出发时间分布比例进行了统计，日均出行次数为 3.16 次/车，则可认为规模为 N 的电动汽车出行总量为 3.16N。考虑到每天的差异性，将该总量作为期望值，假设每次模拟的出行总量服从 $U[3N, 3.32N]$ 的均匀分布。依据居民小汽车出行出发时间分布，采用图 4-7 所示的出行比例，在 1h 内则按照均匀分布。

赵胜川等学者按照不同的城市规模、城市布局建立了私家车出行距离分布模型，发现城市私家车每次出行的距离服从分布，并且由于城市规模与布局的不同，分布的参数也不同。本书将电动汽车出行距离作为划分情景集的依据之一，以考察对于不同的城市规模对电动汽车需求规律所产生的影响。

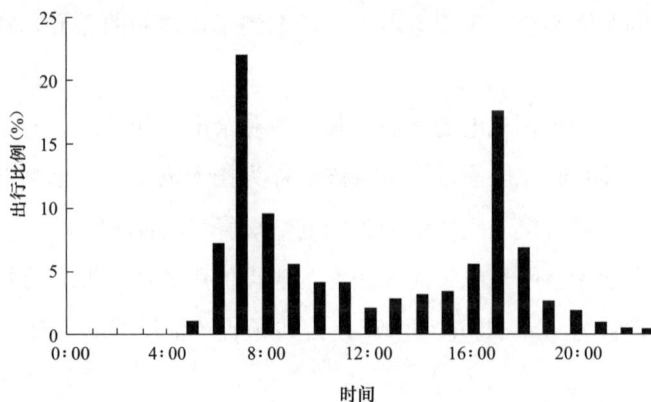

图 4-7　电动汽车出行比例分布

4. 算例分析

考虑部分车辆的运行可能会持续到 24：00 时之后，将模拟计算以 4：00 作为开始的时刻，连续进行两天的计算，将第一天的车辆剩余电量作为第二天的车辆初始电量，并取第二天的模拟结果作为最终结果。在计算充电负荷时不考虑计划充电或者放电因素，按照即插即充的方式进行。充电站统一采用 60kW 的充电功率。北京市目前的电动汽车保有量约为 9 万辆，各情景集的参数可见表 4-1 和表 4-2。

表 4-1　　　　　　　　　　　　　快充模式下参数设置

随机变量	概率分布
初始电量（kWh）	$U[Q_{si}, Q_{total}]$
储备阈值（kWh）	$U[0.85Q_{total}, 0.95Q_{total}]$
各时段车速（km/h）	$N(21, 3^2)$
充电时长阈值（min）	$U[15, 45]$

其中，Q_{si} 表示电动汽车电池容量储备阈值，Q_{total} 表示电池满电电量，而代表出行距离的 Reileigh 分布参数随着情景集的不同而变化。

依据表 4-2 的各情景集，可以分别对电动汽车低电量阈值、电池容量、单次出行距离的变化对结果的影响进行分析。在情景集 4、5、6 中，电池容量的变化将使得车辆的续航里程也有相应的改变。

表 4-2　　　　　　　　　　　　快充模式下各情景集的参数设置

情景集	低电量阈值	电池容量（kWh）	续航里程（km）	Reyleigh 分布参数
1	$U[0.60Q_{total}, 0.95Q_{total}]$	19.2	100	11.17
2	$U[0.70Q_{total}, 0.80Q_{total}]$	19.2	100	11.17

续表

情景集	低电量阈值	电池容量 (kWh)	续航里程 (km)	Reyleigh分布 参数
3	$U[0.80Q_{total}, 0.90Q_{total}]$	19.2	100	11.17
4	$U[0.75Q_{total}, 0.85Q_{total}]$	19.2	100	11.17
5	$U[0.75Q_{total}, 0.85Q_{total}]$	25	130	11.17
6	$U[0.75Q_{total}, 0.85Q_{total}]$	40	208	11.17
7	$U[0.80Q_{total}, 0.90Q_{total}]$	19.2	100	6.38
8	$U[0.80Q_{total}, 0.90Q_{total}]$	19.2	100	12.77
9	$U[0.80Q_{total}, 0.90Q_{total}]$	19.2	100	17.56

　　将一天的时间划分为1440个时段，采用蒙特卡洛模拟抽取各随机变量，每个情景集均进行3000次以上的模拟，在每次模拟中均有大量的电动汽车进行相互独立的行驶、需求产生、充电等行为的模拟，对各统计指标各时刻取所有模拟结果的期望值作为该指标该时刻的最终结果。

　　(1) 不同低电量阈值的情景。低电量阈值主要体现的是用户对于自身车辆进行电能补充的意愿大小。对于接入阈值可能存在的多样性，以不同的接入阈值分布划分情景进行分析计算是很有必要的。情景集1、2、3具有不同的低电量阈值参数，其余参数相同。

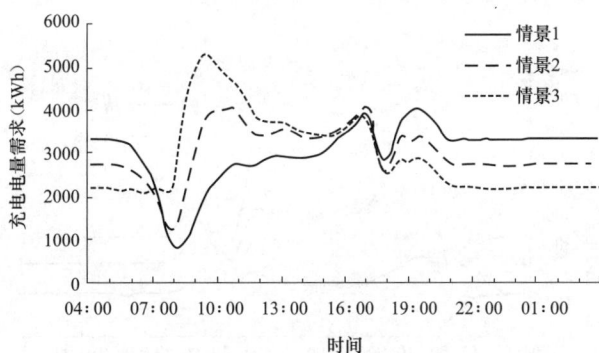

图4-8 不同低电量阈值的充电需求

　　低电量阈值越高会使得越多车辆在出行早高峰之后具有电量需求，在即插即充的情况下造成充电早高峰，并且由于部分车辆在早高峰之后依然会有出行行为，因此这部分车辆的入网时长较短，电量需求峰值较为明显，显示出电网在该时段的调度空间变小。当接入阈值较小时，更多电动汽车将集中在夜间进行充电，在夜间时段的电量需求有所升高，即插即充情况下的夜间负荷峰值也相应提高。

　　(2) 不同电池容量的情景。在电动汽车的发展过程中，所使用电池规格会有较大的区别，随着电池能量密度的增大，车载电池的容量也会增加。因此，针对这一易变因素，以不同电池容量划分情景集，研究不同的电池容量对于电动汽车充电模式下各项指标的影响。需要注意的是，在该项分析中不考虑车辆本身性能的变化，即车辆的能量转换率不变，因此，电池容量较大时，该情景所对应的续航里程也较长。

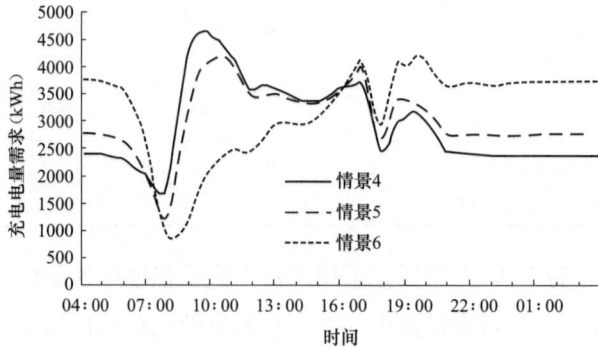

图 4-9　不同电池容量的电量需求

（3）不同出行距离的情景。城市规模越大，则居民小汽车的单次出行距离越大，因此，对于同样的车辆来说，其在不同的城市中也会具有不同电量需求规律以及主动空间规律。对于情景集、通过设置不同的车次出行距离期望值，分析城市规模的大小对于电动汽车充电需求以及负荷规律的影响。

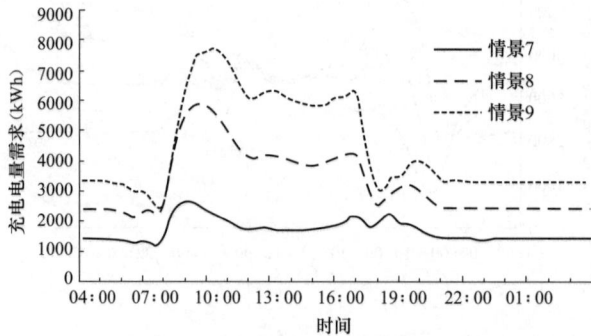

图 4-10　不同城市规模的电量需求

城市规模的增大使得充电电量需求在所有时段内均显著提高，充电功率也大幅增加，这是由于较大规模的城市更容易消耗电动汽车的电能，而由于耗电量的增加，会有更多的车辆具有接入电网进行充电的需求。在同等电动汽车规模下，城市规模越小，在晚间接入电网进行充电的车辆也越少。

通过分析可以发现，电池容量、低电量阈值、城市规模会对电动汽车电量需求规律、负荷规律及主动空间产生很大影响。由于日间车辆入网时间较短，对日间的电量需求影响更加明显，夜间由于大部分车辆处于长时间的停驶状态，因此夜间的至第二天的电量需求虽有变化，但始终平稳。

4.2.2 电动汽车停车需求建模

汽车停车位置的空间分布与城市区域的经济形态密不可分，在同一时段，不同的区域停车数量有着极大的不同。因此，建立停车需求模型时，需根据区域的经济形态分布，将待预测地区进行分类。根据城市用地功能上的区别，可分为办公区、商贸区、住宅区。

由于本项目考虑的规模化电动车模型中电动汽车停车样本空间极大，根据大数定律及中心极限定律，停车需求在分裂的时段内近似服从正态分布。整体分布则可用多维高斯分布函数表示

$$f(x) = \sum_{i=1}^{k} a_i e^{-(x-b_i)^2/c_i^2} \qquad (4\text{-}2)$$

式中：k 为高斯分布的维数；a_i、b_i、c_i 为多维高斯分布的系数。

对典型办公区、商贸区、住宅区的工作日的停车需求进行了调研，归纳得到 3 类功能区域的停车需求如图 4-11 所示。

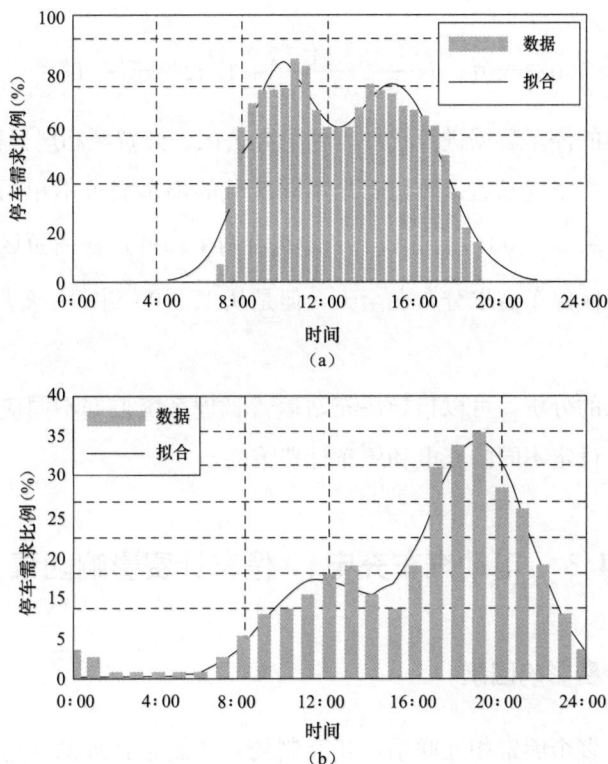

图 4-11 各功能区停车需求（一）

（a）典型办公区停车需求；（b）典型商贸区停车需求

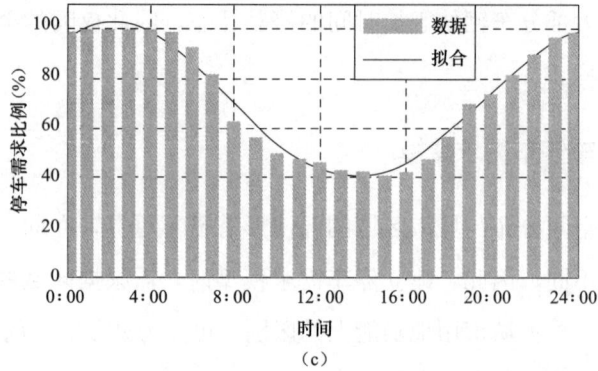

图 4-11　各功能区停车需求（二）

（c）典型居民区停车需求

对三功能区的停车需求数据进行多维高斯拟合曲线，分别得办公区 adm、商贸区 fin、住宅区 res 停车需求概率密度函数

$$P_{adm}(t) = 0.856\exp\left(-\left(\frac{t-9.769}{2.332}\right)^2\right) + 0.808\exp\left(-\left(\frac{t-15.07}{3.127}\right)^2\right) \tag{4-3}$$

$$P_{fin}(t) = 0.139\exp\left(-\left(\frac{t-11.43}{3.34}\right)^2\right) + 0.343\exp\left(-\left(\frac{t-18.9}{3.385}\right)^2\right) \tag{4-4}$$

$$P_{res}(t) = 1.033\exp\left(-\left(\frac{t-2.314}{8.558}\right)^2\right) + 1.026\exp\left(-\left(\frac{t-25.54}{9.496}\right)^2\right) \tag{4-5}$$

通过对典型区域的停车数据进行统计得到了办公区、商贸区和居民区的停车需求曲线，并通过拟合得到了概率密度函数。可以看出不同区域的停车需求不相同。在办公区需求集中在工作日的 8：00 到 20：00，上午和下午分别有两个高峰；在商贸区，停车需求集中在下午到晚上；而居民区停车需求分布在全天，但是从 17：00 到第二天 8：00 是停车需求高峰时期。

通过对停车需求的分析，可以指导快充站运营管理系统根据不同应用场景、不同停车地区进行功能细化，设定不同的充电和停车计费策略。

4.3　电动汽车充电、停车计费影响因素

4.3.1　充电计费影响因素

充电电费定价有多个因素相互联系，相互制约，要制定合理的充电电价，需要对多方利益主体综合考虑。通过分析，电动汽车充电电价的影响因素主要包括电池价格、电池寿命、汽油价格、充电设施建设成本和政府补贴 5 个影响因素，下面将对这 5 个影响因素进

行博弈和定量分析，进而在各影响因素变动幅度改变的情况下，量化计算对充电电价和电动汽车保有量的影响，以研究敏感程度较大的影响因素。

当充电定价在合理区间时，充电定价由市场决定，此时可认为充电定价由充电设施运营商主导，其求解模型为

$$\begin{cases} \max \prod G = \sum_{t=1}^{T} q_t - Q_e \\ \max \prod E = \sum_{t=1}^{T} \left[(P - C_p) Q_t F - \dfrac{(1 - S_E) \sum Cso_{kt} m_{kt}}{N} - \sum C_{yit} Mi_t \right] \end{cases} \tag{4-6}$$

式中：P 为单位销售电价；C_p 为单位电能的成本价格；Q_t 为第 t 年电动汽车累计保有量；F 为平均单位电动汽车的年需求电量；S_E 为对单个标准充电设施建设的补贴率；Cso_{kt} 表示第 k 类充电桩第 t 年价值；m_{kt} 表示第 k 类充电桩第 t 年数量；N 为充电设施使用年限；C_{yit} 表示第 i 类充电桩第 t 年运营费用单价；Mi_t 为第 i 类充电设施总量；T 为计算总年限，本文设定为 6 年。

现在以电池价格下降为例，假设计算初始年份的电池价格为 3 元/Wh，根据电池价格的历史数据预测电池价格平均每年下降 0.2 元/Wh。假设电池价格平均每年的下降幅度降低 2%，即电池价格每年下降 0.14 元/Wh 时，得到均衡结果见表 3-3。充电设施运营商达到盈亏平衡时充电电价为 1.054 元/kWh，充电电价上涨 0.14%；到 2020 年私人乘用汽车保有量为 29.26 万辆，汽车数量减少 14.5%。

假设电池价格平均每年下降幅度提高 2%，即电池价格平均每年下降 0.26 元/Wh 时，充电设施运营商达到盈亏平衡时，充电电价定价为 1.044 元/kWh，充电电价下降 0.15%；到 2020 年私人乘用汽车保有量为 41.29 万辆，汽车数量增加 20.64%。电池价格下降幅度调整对充电价格影响较小，对充电量保有量影响较大。

表 4-3   电池价格下降幅度调整后的均衡结果

电池价格下降幅度/元/Wh	充电电价元/kWh	车辆保有量/万辆
0.14（−2%）	1.054（+0.14%）	29.26（−14.5%）
0.20（0%）	0.146（0%）	34.23（0%）
0.26（+2%）	1.044（−0.15%）	41.29（+20.64%）

和电池价格一样，假设政府补贴下降幅度、循环寿命上升幅度、汽油价格上升幅度和充电设施成本下降幅度都变动 2% 时，充电价格变化曲线如图 4-12 所示。充电设施建设成本下降幅度变动对充电定价影响较大，而且充电价格基本呈线性关系，这是因为充电设施建设成本直接影响着充电设施运营商收益。

以充电设施运营商为主导对充电电价影响因素进行分析，由于充电设施建设成本直接影响着充电设施运营商的收益，充电设施建设成本下降幅度变动对充电定价影响较大；而电池

价格对车辆保有量影响较大，直接影响用户购买电动汽车的概率，间接影响着充电电价。

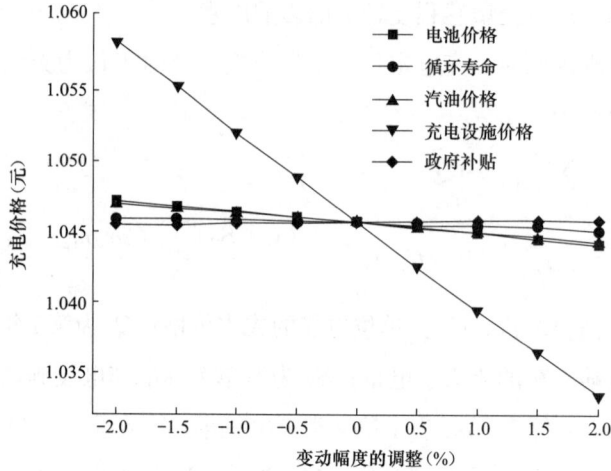

图 4-12 充电电价随各影响因素变动幅度变化关系

4.3.2 停车计费影响因素

电动汽车快充站停车计费的影响因素主要有以下几方面。

（1）停车设施的行业平均建设成本及运行费用。行业平均建设成本和运行费用是停车定价的重要依据之一，平均建设成本与运行费用越高，根据停车费率制定的经济效益原则，所制定的收费标准也应越高。

（2）停车费率。从停车的方式来看，停车可分为普通停车场停车和快充站停车，由于快充站停车可以同时完成充电服务，所以停车费率通常高于普通停车场，所以停车人会权衡停车充电费用与普通停车场停车费用，如果停车需求减少，会迫使快充站停车费率降低。

（3）停车行为偏好。快充站停车场主要有开放式停车位、单位/写字楼停车位、收费停车场、城际快速充电站几种，不同的停车者根据自己的停车需求及爱好选择，选取不同的停车位，停车行为偏好虽然不能影响停车总需求，却能够单独地对不同停车场有效停车需求产生影响。

（4）时间因素。由于停车需求是时间的分布函数，因此不同时间段的停车需求量是不同的。在交通高峰期间，单位时间内的停车需求增多，城市中心区的内部交通压力加大，所以此时的费率应相对较高；相反，在交通平峰期，停车费率应相对较低。

（5）停车政策法规性因素。公共停车场属于准公共物品，其目的是实现社会效益的最大化，因此停车价格大多采用政府定价和指导价等方式，城市停车是政府的基本职能。电动汽车快充站停车场也应以政府政策引导为主。

电动汽车快充站分时分段计费策略及实现方法

　　合理有效的计费策略在更好地提升用户满意度的同时，可引导电动汽车有序充电，规避规模化电动汽车充电给电网带来的负荷波动，平抑电网峰谷差以提高电网利用率。

　　电动汽车用电价格政策在电动汽车推广应用以及运行管理方面具有重要作用。2014年7月22日，国家发改委下发的《关于电动汽车用电价格政策有关问题的通知》明确了充电设施经营性企业售电价格包括两部分，充电价格和充换电服务费。国家层面仅规范了全国电动汽车充电价格：电动汽车在公共场所充电执行大工业电价，在居民住宅里的充电设施上充电执行居民电价；为鼓励电动汽车在电力系统用电低谷时段充电，电动汽车充换电设施用电执行峰谷分时电价政策。现阶段，各大城市的电动汽车充换电电价基本按照发改委规定的扶持性电价实施，同时，河北、上海、四川等省市实施峰谷分时电价。同时，指出了充电服务价格由各地根据实际情况制定。

　　峰谷分时电价是实施需求侧管理的措施之一，用电负荷曲线有着明显的高峰低谷现象，通过划分峰谷时段来确定分时电价，促使电动汽车充电用户自觉调整用电方式，达到削峰填谷的目的，影响负荷曲线的形状。

　　目前的电网分时电价根据传统用电用户的负荷需求时段，分为峰、谷、平三个时段。充电站从电网购电的分时电价采用国内工业用电分时电价划分方式：峰值时段 8h（08：00—12：00，17：00—21：00），平值时段 8h（12：00—17：00，21：00—24：00），谷值时段 8h（00：00—08：00）。电动汽车的充电行为，作为一种特殊的用电用户，受到用户行驶规律的影响，在大规模接入电网充电时，会根据传统工业用电习惯形成的峰谷时段发生变化，如 17：00—21：00 时间段，下班行驶结束的充电高峰期，会出现"峰上加峰"的现象。为解决这一问题，本书在电网分时电价时段划分的基础上，根据电动汽车用户使用特性，对电动汽车快充站计费策略进行研究，包括充电服务费分时定价策略和差别化停车费计费策略。

　　充电服务费在用户充电费用中占比很大，研究充电服务费计费策略，采用分时服务费定价方法，可以更好地引导用户错峰充电，提升充电桩的周转率，增加充电站运营商的收益，降低充电用户排队等待时间。

目前，很多城市快充站建设在停车场，用户除了缴纳充电费用，还需要缴纳停车费用。因此，研究充电站停车费计费方法也非常有必要，好的停车费计费方法可以引导用户快速完成补电需求，尽早离开充电车位，防止用户长期占用充电车位。

5.1　城市快充站计费策略

城市内快充站包含充电和停车费用，这类快充站的分时分段计费模型使用各时段充电电量乘以各自电价相加后乘以优惠计费系数即本次充电电费＋停车费用，计费公式如下

$$C = K\left[\sum(C_{hk}K_{hk}) + \sum(C_{pk}K_{pk}) + \sum(C_{fk}K_{fk}) + \sum(C_{vk}K_{vk})\right] + S + P \quad (5\text{-}1)$$

式中：C 为本次总费用；K 为分时优惠计费系数；C_{hk} 为高峰时段 k 时刻电价；K_{hk} 为高峰时段 k 时刻的用电量；C_{pk} 为峰时段内 k 时刻电价；K_{pk} 为峰时段内 k 时刻的用电量；C_{fk} 为平时段内 k 时刻电价；K_{fk} 为平时段内 k 时刻的用电量；C_{vk} 为谷时段内 k 时刻电价；K_{vk} 为谷时段内 k 时刻的用电量；S 为充电服务费；P 为停车费用。

停车费用的计量采取充电半小时内免费停车，充电半小时后至充电结束采用优惠停车费收费。例如车辆进入后，使用普通停车位，出停车场后只收取停车场普通停车费；车辆使用充电车位进行充电，那么前 30min 免停车费，充电结束后，开始收取较高的停车费用。停车费公式如下

$$P = P_1 + P_2 \quad (5\text{-}2)$$

式中：P 为本次收取停车费用；P_1 为充电 30min 后至充电结束的优惠停车费；P_2 为充电结束仍然占用充电车位的超时停车费。

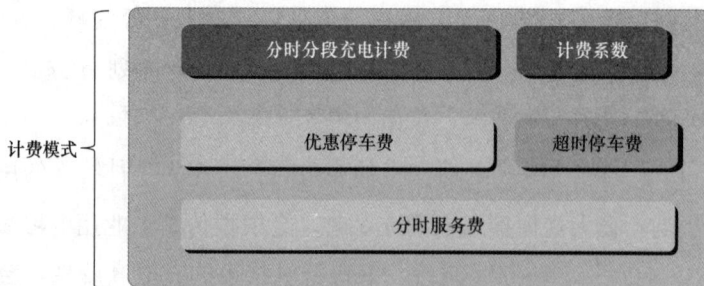

图 5-1　城市内快充站分时分段计费组成

城市内快充站适合采用停车充电计费一体化结算，具体流程如下：

当用户进入停车场时，如有充电需求驶入充电车位，在充电机上刷智能卡，充电桩根据卡内的信息进行用户身份确认，得到确认后提示用户进行正确的连接；然后用户把充电

桩上的充电枪与车辆进行连接，同时在充电桩操作界面上进行充电参数设定，选择充电模式（定量充电、定额充电、自动充满）等；当用户完成设定工作并启动充电后，充电桩执行相应的数据读取、记录等处理工作，并控制电气回路为输出连接器加电；充电过程启动后，充电桩自动进行充电及相关数据计量、记录处理；当充电过程达到结束条件后，充电桩停止充电。操作界面显示完整的充电信息，提示用户断开充电桩与车辆的连接，并进行有关充电费用结算。充电开始时，同时计算停车费用，开始充电的前 30min 免除停车费，30min 后收取较优惠的停车费。充电结束后，如果车还占用充电车位，开始计算超时停车费用。如果车辆移动至普通车位，则按照正常停车场收费价格计算普通停车费用。在离开停车场时，统一刷卡扣除停车、充电费用，或者将临时卡交给停车场出入口管理人员，进行一次性缴费。其具体流程如图 5-2 所示。

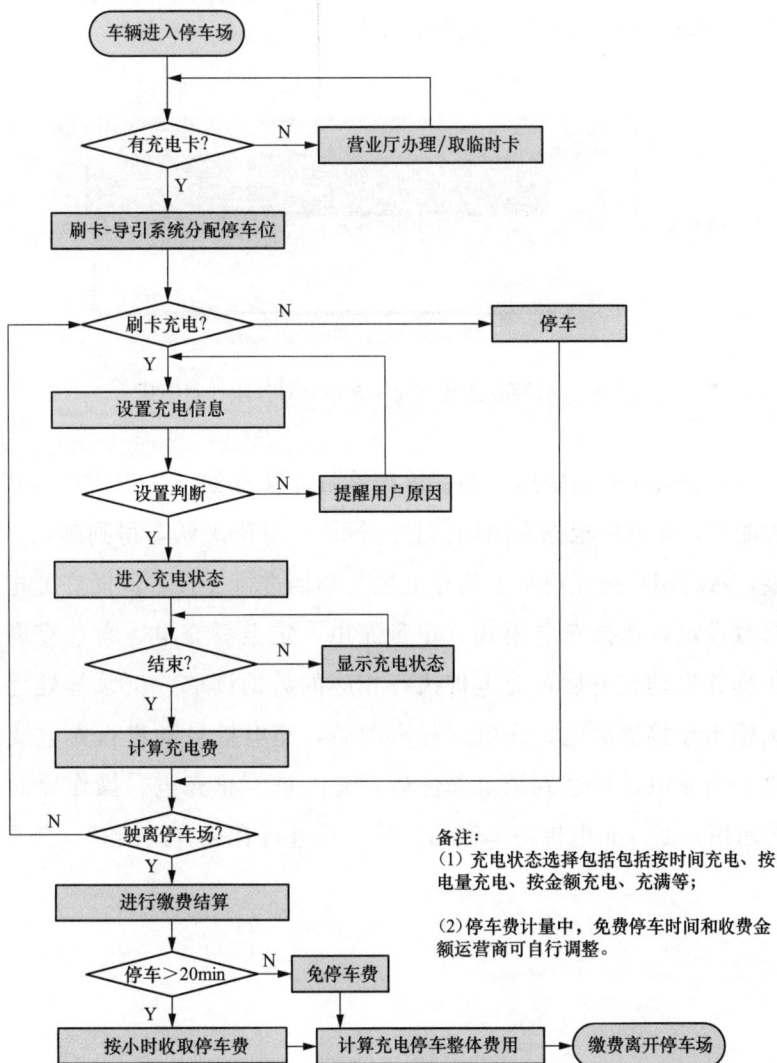

图 5-2 市内快充站计费缴费流程

5.2 城际快充站计费策略

高速路、公共交通快充站由于只有充电费用，这类快充站的分时分段计费模型使用各时段充电电量乘以各自电价相加后乘以优惠计费系数即本次充电费费用。计费公式如下

$$C = K\Big[\sum(C_{hk}K_{hk}) + \sum(C_{pk}K_{pk}) + \sum(C_{fk}K_{fk}) + \sum(C_{vk}K_{vk})\Big] + S \qquad (5\text{-}3)$$

式中：C 为本次总费用；K 为分时优惠计费系数；C_{hk} 为高峰时段 k 时刻电价；K_{pk} 为高峰时段 k 时刻的用电量；C_{pk} 为峰时段内 k 时刻电价；K_{pk} 为峰时段内 k 时刻的用电量；C_{fk} 为平时段内 k 时刻电价；K_{fk} 为平时段内 k 时刻的用电量；C_{vk} 为谷时段内 k 时刻电价；K_{vk} 为谷时段内 k 时刻的用电量；S 为充电服务费。

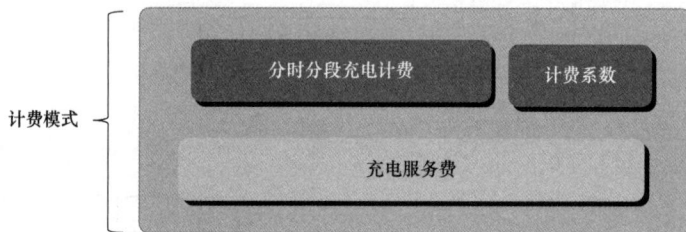

图 5-3　高速路/公共交通快充站分时分段计费组成

高速路、公共交通快充站费用自动一体结算具体流程如下：当用户需要充电时，在充电机上刷智能卡，充电机根据卡内的信息进行用户身份确认，得到确认后提示用户进行正确的连接，然后用户把充电桩上的充电枪与车辆进行连接，同时在充电桩操作界面上进行充电参数设定，选择充电模式（定量充电、定金额充电、自动充满）等；当用户完成设定工作并启动充电后，充电桩执行相应的数据读取、记录等处理工作，并控制电气回路为输出连接器加电；充电过程启动后，充电桩自动进行充电及相关数据计量、记录处理；当充电过程达到结束条件后，充电桩停止充电。操作界面显示完整的充电信息，提示用户断开充电桩与车辆的连接，并进行有关费用结算。其具体流程如图5-4 所示。

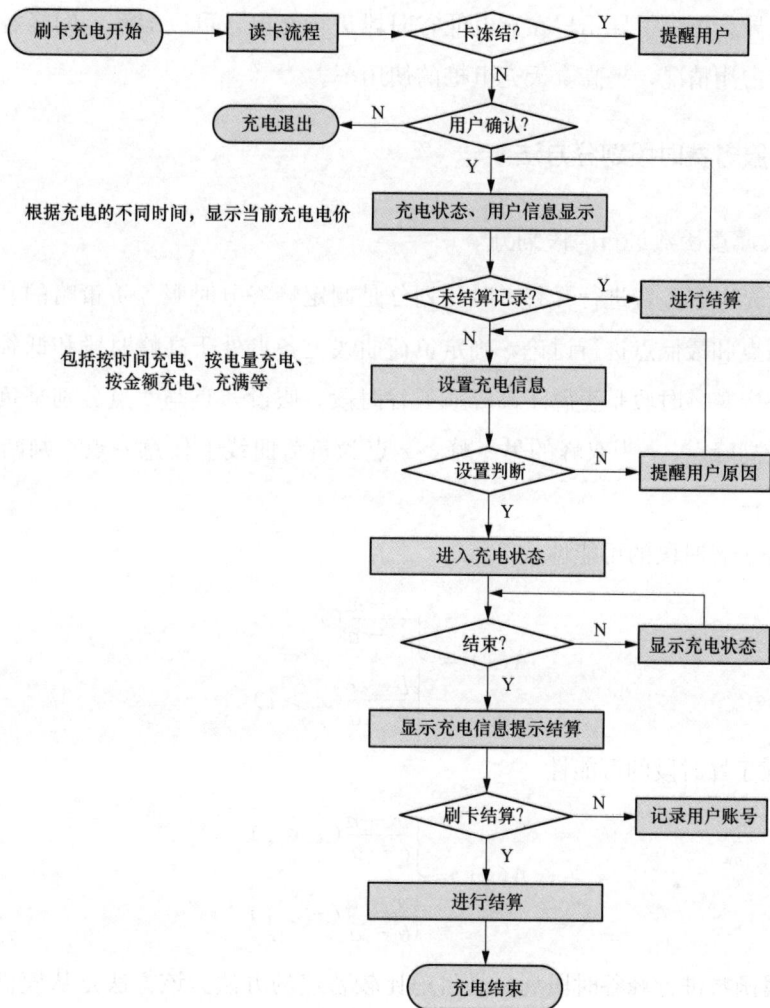

图 5-4 高速路/公共交通快充站计费结算流程图

5.3 快充站充电服务费计费方法

从快充站计费模型中可看到快充站的计费主要包括对充电费用和停车费用的计量。其中充电费由购电费和服务费组成，而服务费占比较高。国内不同地方的电动汽车充电电费差异较大。鉴于各地电动汽车的发展状况不同，充电电价按照电网企业的总体规划要求，实行分类指导定价，充电服务价格各地先自行试点，并没有具体要求。充电服务费由充电站收取，属于充电服务运营商的收入。目前充电服务费由各个省市制定了最高收费标准，运营商可以选择合适的服务费价格。本课题研究快充站充电服务费计费方法，制定峰谷分时服务费价格策略，为电动汽车快充站运营商制定服务费价格提供参考依据。通过不同时刻的服务费差异，可以引导用户在充电低谷时段进行充电，可以缓解电网峰谷差，降低充电高峰充电桩占用情况，提高全天充电桩的使用率。

5.3.1　服务费时段划分方法

1. 利用隶属度函数进行时段划分

合理地对充电服务费进行峰谷平时段划分是制定峰谷分时服务费策略的基础。针对负荷曲线的最高点和最低点进行讨论，确定负荷曲线上各点处于高峰时段和低谷时段的可能性，并由此决定某一时段是否属于高峰或低谷时段。假设 a 点与 b 点分别是负荷曲线上的最低谷点和最高峰点，c 为双峰的另一峰，x 点为负荷曲线上任意一点，判断 x 点处于谷时段的可能性：

判断 x 处于谷时段的可能性

$$A(x) = \begin{cases} \dfrac{c-x}{x-a}(x<c) \\[2mm] \dfrac{b-x}{b-a}(x>c) \end{cases} \tag{5-4}$$

判断 x 处于峰时段的可能性

$$A(x) = \begin{cases} \dfrac{x-a}{c-a}(x<c) \\[2mm] \dfrac{x-a}{b-a}(x>c) \end{cases} \tag{5-5}$$

利用隶属函数进行峰谷时段划分是目前比较普遍的方法。该方法是从模糊数学的角度出发，方法简单明了，容易实现，但划分过程过于粗糙，划分结果过于笼统，当某些点处于峰时段的可能性或处于谷时段的可能性为70%时，会难以界定他们的峰谷时段属性，只能依靠大概的估计来归类，而当日负荷曲线中峰值点较多时，有一些绝对高度比较低的峰值点可能会被划分到平时段。

2. 基于 k 均值聚类算法的峰谷时段划分

聚类分析是多元统计分析的方法之一，目的是为了无监督地发掘数据集合的内部结构特征而根据特定的相似性度量将数据集划分成一定数目的子集合理的聚类结果通常要求每个子集内部的样本具有较大的相似性，而不同子集间的样本具有较小相似性。

本文对峰谷时段划分所采用的方法是 k 均值算法，是一种使用非常广泛的聚类算法。它是将各个聚类子集内的所有样本的均值作为该聚类的代表点，算法的主要思想是通过迭代过程把数据集划分为不同的类别，使得评价聚类性能的准则函数达到最优，从而使生成的每个聚类内更为紧凑，类间更为独立。

（1）选定某种距离作为数据样本间的相似性度量。k 均值聚类算法中，可以根据实际需要选择欧式距离、曼哈顿距离或者明考斯距离中的一种来作为算法的相似性度量，其中最常用的是欧式距离。

假设给定的数据集 $X=\{X_m\,|\,m=1,2,\cdots,\text{total}\}$，$X$ 中的样本用 d 个描述属性 A_1，A_2，$\cdots$，A_d 来表示，并且 d 个描述属性都是连续型属性。数据样本 $x_i=(x_{i1},x_{i2},\cdots,x_{id})$，$x_j=(x_{j1},x_{j2},\cdots,x_{jd})$ 其中，x_{i1}，x_{i2}，$\cdots$，x_{id} 和 x_{j1}，x_{j2}，$\cdots$，x_{jd} 分别是样本 x_i 和 x_j 对应 d 个描述属性 A_1，A_2，$\cdots$，A_d 的具体取值。样本 x_i 和 x_j 之间的相似度通常用它们之间的距离 $d(x_i,x_j)$ 来表示，距离越小，样本 x_i 和 x_j 越相似，差异度越小；距离越大，样本 x_i 和 x_j 越不相似，差异度越大。

欧式距离公式如下

$$d(x_i,x_j)=\sqrt{\sum_{k=1}^{d}(x_{ik}+x_{jk})} \tag{5-6}$$

（2）选择评价聚类性能的准则函数。k 均值聚类算法使用误差平方和准则函数来评价聚类性能。给定数据集 X，其中只包含描述属性，不包含类别属性。假设 X 包含 k 个聚类子集 X_1，X_2，$\cdots$，X_K；各个聚类子集中的样本数量分别为 n_1，n_2，$\cdots$，n_k；各个聚类子集的均值代表点（也称聚类中心）分别为 m_1，m_2，$\cdots$，m_k。则误差平方和准则函数公式为

$$E=\sum_{i=1}^{k}\sum_{p\in x_i}\|\,p-m_i\,\|^2 \tag{5-7}$$

（3）相似度的计算根据一个簇中对象的平均值来进行。

1）将所有对象随机分配到 k 个非空的簇中。

2）计算每个簇的平均值，并用该平均值代表相应的簇。

3）根据每个对象与各个簇中心的距离，分配给最近的簇。

4）然后转 2），重新计算每个簇的平均值。这个过程不断重复直到满足某个准则函数时停止。

根据负荷曲线以及充电需求的建模分析，通过 k 均值聚类方法划分出充电服务费峰平谷四个时段见表 5-1。

表 5-1　　　　　　　　　　基于 k 均值聚类方法的时段划分

分段	尖峰时段	峰段	平段	谷段
时间	11：00—13：00 16：00—18：00	10：00—11：00 13：00—16：00 18：00—21：00	7：00—10：00 21：00—23：00	23：00—7：00

通过充电服务费时段划分可以确定充电的峰谷平各个时段，采用 k 均值聚类的时段

划分方法，可以更准确地划分峰谷平时段，为后续各个时段充电服务费的定价提供依据。

5.3.2 分时服务费定价模型

对不同的峰谷时段设定不同的峰谷分时服务费价格，需要考虑多方面的因素，同时对多个目标函数进行优化。目前解决多目标优化的方法主要有多目标权重法、分层优化法、模糊评价法和最优偏差法等。这些方法的共同特点是在寻优搜索展开之前，将多目标问题转化为近似等价的单目标问题，利用单目标优化方法进行求解，该思路充分利用了较为成熟的单目标优化方法，可形成唯一最优解，但由于各个目标在量纲、权重和相互关系的协调统一上存在困难，在解的多目标最优性上难免存在近似。

考虑社会综合效益，采用的基于 Pareto 最优的多目标优化方法处理多目标优化，弥补了上述方法的不足。基于 Pareto 多目标最优的优化方法是严格意义上的多目标优化方法，它不依赖于单目标优化方法，根据 Pareto 多目标最优理论，利用向量优化方法进行多目标寻优，从而避免了对方案多目标性的近似，可以有效求解电力系统中一系列多目标优化问题，并有效避免权重法等间接求解方法在多目标量纲和数量级处理上的困难。本章利用该方法展开对多目标分时服务费价格优化问题的求解。

实行峰谷分时服务费价格的主要目的是削峰填谷，减少峰谷差，使负荷曲线更加平坦，还可以降低快充站充电高峰等待时间，增加充电桩的利用率。同时，由于服务费定价方案是用来引导电动汽车有序充电的，因此必须考虑将电动汽车用户的利益最大化纳入目标函数。因此日负荷曲线的最高负荷、峰谷差和电动汽车用户所缴服务费及电费是衡量定价模型优劣的主要参数。

1. 目标函数

考虑社会综合效益的峰谷分时服务费价格数学模型如下，包括目标函数和约束条件两个方面。

（1）使日负荷曲线的峰负荷最小。峰谷分时服务费价格实施后，叠加了电动汽车充电负荷的日负荷曲线的峰负荷最小，如式（5-8）所示

$$F_1 = \min[\max(L_t)] \tag{5-8}$$

（2）使日负荷曲线的峰谷差最小

$$F_2 = \min[\max(L_t) - \min(L_t)] \tag{5-9}$$

式中：L_t 为某地区典型日叠加电动汽车充电负荷后 t 时段的负荷数据。

（3）电动汽车车主购电费用最小

$$F_3 = \min R_2 \tag{5-10}$$

2. 约束条件

（1）确保供电公司获利。需求侧管理是一项社会性的措施，不仅要确保用户的利益不受损害，也要保证供电公司实行峰谷分时服务费价格后的利润不小于实行峰谷分时服务费价格前，这样才有利于此项措施的执行。

供电公司实施峰谷分时服务费价格前的收益为

$$R_1 = \sum_{t=1}^{24} \rho \times l_t \tag{5-11}$$

式中：ρ 为峰谷分时服务费价格实施前的服务费价格，为固定值；l_t 为峰谷分时服务费价格实施前在 t 时段的电动汽车用电量。

供电公司实施峰谷分时服务费价格后收取的服务费为

$$R_2 = \sum_{t=1}^{24} \rho_t \times l_t \tag{5-12}$$

式中：ρ_t 为峰谷分时服务费价格实施后在 t 时段的服务费价格；l_t 为峰谷分时服务费价格实施后在 t 时段的电动汽车用电量。

可见，当实施峰谷分时服务费后，供电公司的服务费收益将会一定程度的减少，从而使供电公司的积极性受到挫伤，不利于峰谷分时服务费的实行。另外，供电公司实施峰谷分时服务费后，将会节省电网线路以及机组建设费用，同时政府为了鼓励供电公司实施峰谷分时服务费，也将相应地减少税收或电价补贴。

需求侧管理是一项社会性的措施，不仅要确保用户的利益不受损害，也要保证供电公司实行峰谷分时服务费后的利润不小于实行峰谷分时服务费前，这样才有利于此项措施的执行，因此其约束为

$$R_2 + S_1 + S_2 > R_1 \tag{5-13}$$

式中：S_1 为电网缓解节省费用；S_2 为政府补贴费用。

（2）确保车主收益。为了保证电动汽车车主的利益，必须使其实施峰谷分时服务费前后的充电费用不增加。其约束条件为

$$R_2 < R_1 \tag{5-14}$$

（3）考虑到发电成本和用户的承受能力。制定峰谷分时服务费方案时，应当对峰谷分时服务费进行如下约束

$$\rho_{t,\min} < \rho_t < \rho_{t,\max} \tag{5-15}$$

式中：$\rho_{t,\min}$、$\rho_{t,\max}$ 为监管部门规定的 t 时段服务费的最小值和最大值。

综上所述，峰谷分时服务费模型如下

$$
\begin{cases}
\min F_1 = \min[\max(L_t)] \\
\min F_2 = \min[\max(L_t) - \min(L_t)] \\
\min F_3 = \min R_2 \\
R_2 + S_1 + S_2 > R_1 \\
R_2 < R_1 \\
\rho_{t,\min} < \rho_t < \rho_{t,\max}
\end{cases}
\tag{5-16}
$$

本章所采用的基于欧氏距离的多目标粒子群优化方法可以表示如下：首先在可行解目标空间内对粒子群的位置、速度进行随机均匀初始化，然后通过对比，将其中互不支配的非劣解粒子纳入精英集，通过密度距离选择和删除精英集中的某些非劣解粒子来保持精英集的容量固定。

本章的多目标粒子群算法具体步骤如下：

1）给定多目标粒子群算法的控制参数，迭代次数，群体规模，对粒子进行均匀随机初始化；

2）计算每个粒子的适应度值；

3）根据 Pareto 最优来更新每个粒子的个体极值，若更新后粒子的位置不支配其历史最优位置，则按 50% 的概率保留其历史最优位置；

4）根据 Pareto 最优来挑选当前种群中的非劣解存入精英集，根据密度距离的概念来移除密度距离最小的个体；

5）为每个精英集成员赋予适应度值，该适应度值等于该成员在档案中的密度距离，按照适应度比例方式动态随机选择全局最好位置；

6）更新种群中每个粒子的速度和位置，如果某粒子的位置大小超出了设定的界限，则将该粒子的位置大小等同于其所越边界值，并将其速度乘以－1，使该粒子向相反的方向继续搜索；

7）判断是否达到最大迭代次数，若达到，则输出档案库中的所有非劣解；若否，转到步骤 2）。

基于 Pareto 最优的 PSO 算法流程图如图 5-5 所示。

在实际运行当中，为了使方案明确且具有适用性，决策者所采用的最终实施方案一般只有一个，因此需要从 Pareto 最优解集中选取出一个最优折衷解。因此，可根据模糊数学的概念来挑选最优折衷解。可用模糊隶属度函数来表示每个 Pareto 解中各个目标函数所对应的满意度，记做 h_i，定义如下

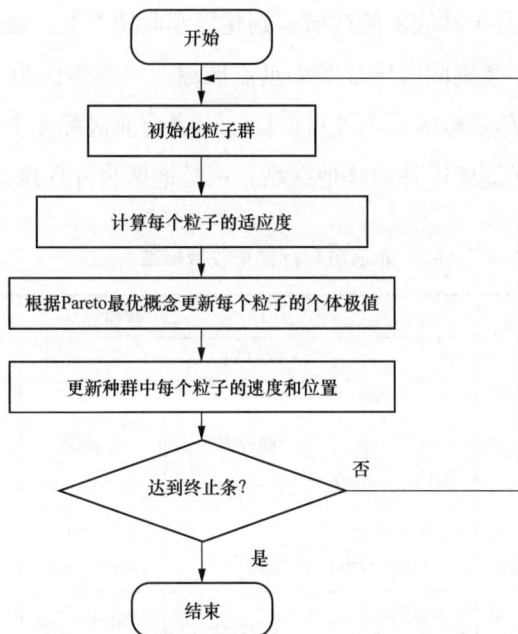

图 5-5   基于 Pareto 最优的 PSO 算法流程图

$$h_i = \begin{cases} 1 & f_i < f_i^{\min} \\ \dfrac{f_i^{\max} - f_i}{f_i^{\max} - f_i^{\min}} & f_i^{\min} < f < f_i^{\max} \\ 0 & f > f_i^{\max} \end{cases} \tag{5-17}$$

式中：f_i 为目标函数；$f = (1, 2, \cdots, N_{\text{obj}})$，$N_{\text{obj}}$ 为目标函数个数；$f_i^{\max}$ 为第 i 个目标函数的最大值；$f_i^{\min}$ 为第 i 个目标函数的最小值。

再采用式（5-17）可求得 Pareto 解集中各个解的标准化满意度

$$h = \frac{1}{N_{\text{obj}}} \sum_{i=1}^{N_{\text{obj}}} h_i \tag{5-18}$$

最后通过比较，选取出具有最大 h 值的 Pareto 最优解作为最优折衷解。

5.4   快充站停车费计费策略

电动汽车快充站一般建设在车流人流较为集中区域，包括居住区、商贸区和办公区等地，充电和停车资源较紧张。用户在停车场快充站进行充电时，如果不能及时完成充电让出充电车位，将会造成充电车位长期占用，无法提高充电车位利用率，因此需要制定充电车位的停车费计费策略，通过价格杠杆引导用户的充电行为，让用户即充即走，防止充电车位长期被占用，提高充电车位周转率。

　　北京市于 2011 年 4 月 1 日起实施区域差别化停车收费方案。在方案中，对于路侧占道停车场，收费区域分为三类不同区域及四个重点区域。一类地区为三环路（含）以内区域及中央商务区（CBD）、燕莎地区、中关村西区、翠微商业区等 4 个重点区域；二类地区为五环路（含）以内除一类地区以外的其他区域；三类地区为五环路以外区域。

表 5-2　　　　　　　　　　　　　　北京市现行停车收费标准

停车场类型				收费标准					
				7：00—21：00				21：00—7：00	
				占道		路外露天	非露天	露天	非露天
				首小时内	首小时外				
实行政府定价或政府指导价管理的停车场	非居住区	公共停车场临时停放	一类地区	2.5 元/15min	3.75 元/15min	2 元/15min	不高于 1.5 元/15min	1 元/2h	2.5 元/0.5h
			二类地区	1.5 元/15min	2.25 元/15min	1.25 元/15min	不高于 1.25 元/15min		
			三类地区	0.5 元/15min	0.75 元/15min	0.5 元/15min	不高于 0.5 元/15min		
		露天公共停车场长期停放		不高于 150 元/月，1600 元/年					
		驻车换乘（P＋R）停车场		2 元/次					
		远郊区旅游景点停车场		5 元/次					
	居住区	露天停车场临时停放		1 元/2h					
		露天停车场长期停放		不高于 150 元/月，1600 元/年					
		配建地下停车库、楼临时停放		不高于 1 元/0.5h					
市场调节价管理的停车场	非居住区	独立经营的地下停车库、停车楼停车收费；大型公建配建的地下停车库、楼按年、月租用停车位							
	居住区	居住区配建的地下停车库、停车楼和立体停车设施的长期停车（按年、月租用停车位）收费							

　　用户选择快速充电主要以补电为主，额定功率为 60kW 的充电桩，一般充电 30min 即可完成补电需求，因此停车费计费考虑以开始充电的 30min 以内免停车费，30min 之后采用阶梯式差别化计费方法，同时参考北京市现行收费标准，具体见表 5-3。

表 5-3 城市快充站停车费计费策略

快充站类型		停车费率					
		8：00—21：00			21：00—次日 8：00		
		充电开始—30min	30min—充电停止	停止充电以后	充电开始—30min	30min—充电停止	停止充电以后
非居住区	一类地区	0 元/15min	2.5 元/15min	5 元/15min	0 元/15min	1.25 元/15min	2.5 元/15min
	二类地区	0 元/15min	1.5 元/15min	3.75 元/15min	0 元/15min	0.5 元/15min	1.5 元/15min
	三类地区	0 元/15min	1 元/15min	2.25 元/15min	0 元/15min	0.25 元/15min	0.75 元/15min
居住区		0 元/15min	0.5 元/15min	1 元/15min	0 元/15min	1 元/15min	2 元/15min

　　在本计费策略中，考虑了停车场快充站在居住区和非居住区其充电高峰的时间差别一级非居住区中一类、二类和三类不同的停车费率。本计费策略采用阶梯式计费方法，对开始充电 30min 内免收停车费，可以让用户解决迫切的补电需求。充电 30min 至充满这段时间用户可以将电充满，收取一定的停车费可以让用户不用充满车辆就及时离开充电车位。而充电完成后的停车费较高，可以引导用户在充电完成后及早将车辆驶离充电车位，防止长时间占用充电车位。在非居住区，充电高峰集中在白天，而居住区充电高峰集中在晚上。为了引导用户在非高峰区充电，在非居住区白天停车价格设置较高，在居住区晚上停车价格设置较高。

5.5　算　例　分　析

　　以北京为例进行分析，包括峰谷时段划分、峰谷分时服务费确定、充电和停车费用计算。

　　根据《2012 年北京电力需求侧管理发展报告》，选取北京夏季典型日负荷曲线进行分析，如图 5-6 所示。可知日平均负荷 11208MW，负荷率为 78.9%，峰谷差率为 51.4%。最低负荷一般出现在凌晨 5 时左右，最高负荷一般出现在早峰 11 时或午峰 16 时左右，晚

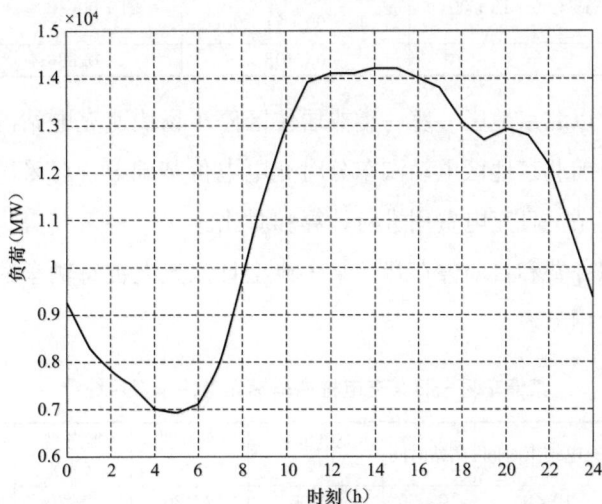

图 5-6　北京市夏季典型日负荷曲线

峰负荷一般出现在晚上 20 时左右。

为降低峰谷差和节约用电量，并且提高用电效率和设备利用率，北京对于除居民生活用电外的大工业用电、一般工商业用电和农业生产用电实施分时电价，利用价格杠杆撬动整个社会共同参与削峰填谷。2016 年 6 月 15 日起，国网北京市电力公司所属电动汽车公共充电设施执行峰谷分时电价。充电价格由原来的谷段电价加服务费统一的 1.2 元/度调整为峰时（1.0044 元/kWh）、平时（0.6950 元/kWh）、谷时（0.3946 元/kWh）三类。充电服务费收费标准不变，仍为 0.8 元/kWh。目前北京地区电动汽车充电站（除私人、单位的自有充电桩）适用的电价及服务费见表 5-4。

表 5-4　　　　　　　　　　北京电动汽车充电分时电价表

分段	峰段	平段	谷段
时间	10：00—15：00，18：00—21：00	7：00—10：00，15：00—18：00，21：00—23：00	23：00—7：00
充电电价/元	1.0044	0.6950	0.3946
服务费上限（元/kWh）	0.8	0.8	0.8

本章以一组北京地区夏季典型日负荷数据为基础负荷，叠加上电动汽车充电负荷，形成电动汽车接入电网随机充电后的负荷曲线。在这条负荷曲线的基础上，利用 k 均值聚类方法可以划分出峰谷平时段，代入最优峰谷服务费价格确定模型，可得到基于电动汽车车主满意度的最优峰谷平服务费价格方案，求解结果见表 5-5。

表 5-5　　　　　　　　　　最优峰平谷四段服务费价格

分段	尖峰时段	峰段	平段	谷段
时间	11：00—13：00，16：00—18：00	10：00—11：00，13：00—16：00，18：00—21：00	7：00—10：00，21：00—23：00	23：00—7：00
服务费（元/kWh）	0.8	0.7108	0.5867	0.4302

通过现场调研，以北京地区一座一类非居住区停车场快速充电站内一台充电桩一日的充电情况为例，在目前北京地区电动汽车分时充电电价基础上，对采用阶梯停车费及峰谷分时服务费前后快充站一日充电费用进行计算和对比。

（1）采用固定服务费和目前停车费。某个典型日该充电桩每辆车的充电时间和停车时长以及充电和停车费用见表 5-6。

表 5-6　　　　　　　某停车场一日某充电桩内车辆充电停车费用统计

车辆序号	充电开始时间	充电结束时间	离站时间	充电电量（kWh）	充电费（元）	服务费（元）	停车费（元）	总费用（元）
1	8：03	10：00	10：30	40.00	27.80	25.20	15.00	68
2	10：32	12：00	12：00	30.00	30.13	18.90	9.00	58.03

车辆序号	充电开始时间	充电结束时间	离站时间	充电电量 （kWh）	充电费 （元）	服务费 （元）	停车费 （元）	总费用 （元）
3	12：05	13：00	13：00	18.00	18.08	11.34	6.00	35.42
4	13：10	15：00	15：00	38.00	38.17	23.94	12.00	74.11
5	15：02	16：30	16：30	30.00	20.85	18.90	9.00	48.75
6	16：30	18：24	19：00	40.00	30.89	25.20	15.00	71.09
7	19：08	20：30	20：30	30.00	30.13	18.90	9.00	58.03
8	20：30	22：27	23：00	40.00	30.89	25.20	15.00	71.09
合计				266.00	226.94	167.58	90.00	484.52

通过计算得出此充电桩一天内充电停车总收入为 484.52 元。

（2）采用峰谷分时服务费和阶梯式停车费情况下。由于采用了峰谷分时服务费和阶梯式停车费，着重解决了用户应急补电的需求，会引导用户缩短充电和停车时间，因此一个充电桩每日充电车辆更多。

该充电桩某日的充电情况，包括每辆车的充电时间和停车时长以及充电和停车费用见表 5-7。

表 5-7   **某停车场一日某充电桩内车辆充电停车费用统计**

车辆序号	充电开始时间	充电结束时间	离站时间	充电电量 （kWh）	充电费 （元）	服务费 （元）	停车费 （元）	总费用 （元）
1	0：00	2：00	2：30	40.00	15.78	17.21	12.50	45.49
2	8：00	9：00	9：00	18.00	12.51	10.56	5.00	28.07
3	9：10	10：00	10：00	15.00	10.43	8.80	10.00	29.23
4	10：00	10：45	10：45	11.00	11.05	7.82	5.00	23.87
5	11：07	11：33	11：33	8.00	8.04	6.40	0.00	14.44
6	11：43	12：15	12：15	8.00	8.04	6.40	0.00	14.44
7	12：28	12：55	12：55	8.00	8.04	6.40	0.00	14.44
8	13：06	14：01	14：07	18.00	18.08	12.80	10.00	40.88
9	14：10	15：00	15：00	15.00	15.07	10.66	10.00	35.73
10	15：00	16：00	16：00	18.00	12.51	12.80	10.00	35.31
11	16：22	16：50	16：50	8.00	5.56	6.40	0.00	11.96
12	17：00	18：00	18：00	18.00	12.51	14.40	10.00	36.91
13	18：03	19：10	19：10	18.00	18.08	12.80	10.00	40.88
14	19：12	20：00	20：00	15.00	15.07	10.66	10.00	35.73
15	20：00	22：00	22：00	40.00	33.37	25.70	15.00	74.07
16	22：08	23：33	23：50	32.00	19.24	16.89	7.50	43.63
合计				290.00	223.38	186.70	115.00	525.08

通过计算得出此充电桩一天内充电停车总收入为 525.08 元，比之前增加了 40.56 元。

通过算例分析可以看出，在采用了峰谷分时服务费后和阶梯停车费后，引导了用户在高峰时段充电时间减少，平时段和谷时段充电次数和时间增加。一方面，由于用户尽量选择谷时段进行长时间充电，充电费用有所减少，但是降低了电网峰谷差，降低了电网建设成本。另一方面，运营商虽然在高峰时期充电服务费收益减少了，但是由于分时服务费引导了用户选择非高峰时段进行长时间充电，提高了充电桩周转率，总的收益增加了。从用户的角度来说，在快充站进行充电应急补电，如果缩短充电时间，充电电量满足续航需求即可，那么充电费和停车费减少，相对于之前的固定服务费价格，服务费也减少了，用户既满足了余电不足的应急需求，也没有增加额外充电费用。而在采用分时服务费和阶梯停车费之前，如果有用户充完电后一直占用充电车位没有及时离开，将导致充电车位长时间占用，导致其他用户无法充电，用户补电需求无法立即满足，运营商收益降低。采用阶梯停车费后，如果用户在高峰时段长期占用了停车位，停车费将大大增加，既可以引导用户减少充电车位占用时间，也可以增加运营商收益。

5.6　计费模块设计

计费模块是电动汽车快充站运营管理系统的重要组成部分，准确、稳定的计费管理系统直接关系到运营商和用户的利益，是充电站实现正常业务运转的关键部分。

计费模块与运营管理系统其他模块间的关系图如图 5-7 所示，计费模块主要和监控模块、缴费模块交互。计费模块通过监控模块获取各个充电设施的状态，并通过不同的收费模式将充电设施启停命令发送给监控模块。计费模块将每台车辆的计费信息发送给缴费模块，由缴费模块控制读卡器、停车管理设备、打印机等硬件设备完善车辆费用收取，并将缴费结果返回给计费模块。

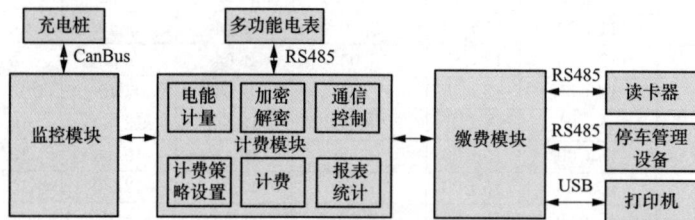

图 5-7　计费模块与运营管理系统其他模块关系图

计费模块主要包括电能计量、电量信息加密解密、对电能表等设备的通信控制、计费策略设置、计费和报表统计等功能。

（1）电能计量：通过 RS485 协议读取充电开始和结束以及每个时段的电能表读数，获取用户每次充电的电量值以及每个时段的电量值。

（2）加密解密：对计费信息进行加密传输和解密。

（3）通信控制：主要通过 RS485 协议获取电能表电能计量数据，为计费提供依据。同时通过接受监控模块和缴费模块的命令，并将计费结果返回给缴费模块，同时控制命令发送到监控模块完成充电桩停机（按电量充电、按金额充电等充电方式）。

（4）计费策略设置：可以设置分时电价平峰谷各个时段划分，以及各个时段的电价以及服务费率。

（5）计费：通过设置的计费策略以及电能表传输的电能计量数据以及停车计费数据完成用户整体费用计算，并将计费结果通过模块间接口程序传输给缴费模块和监控模块。

（6）报表统计：将各次计费数据存入数据库，并对计费数据进行统计和分析，用户可以根据模糊条件查询计费数据。

计费模块的流程图如图 5-8 所示。

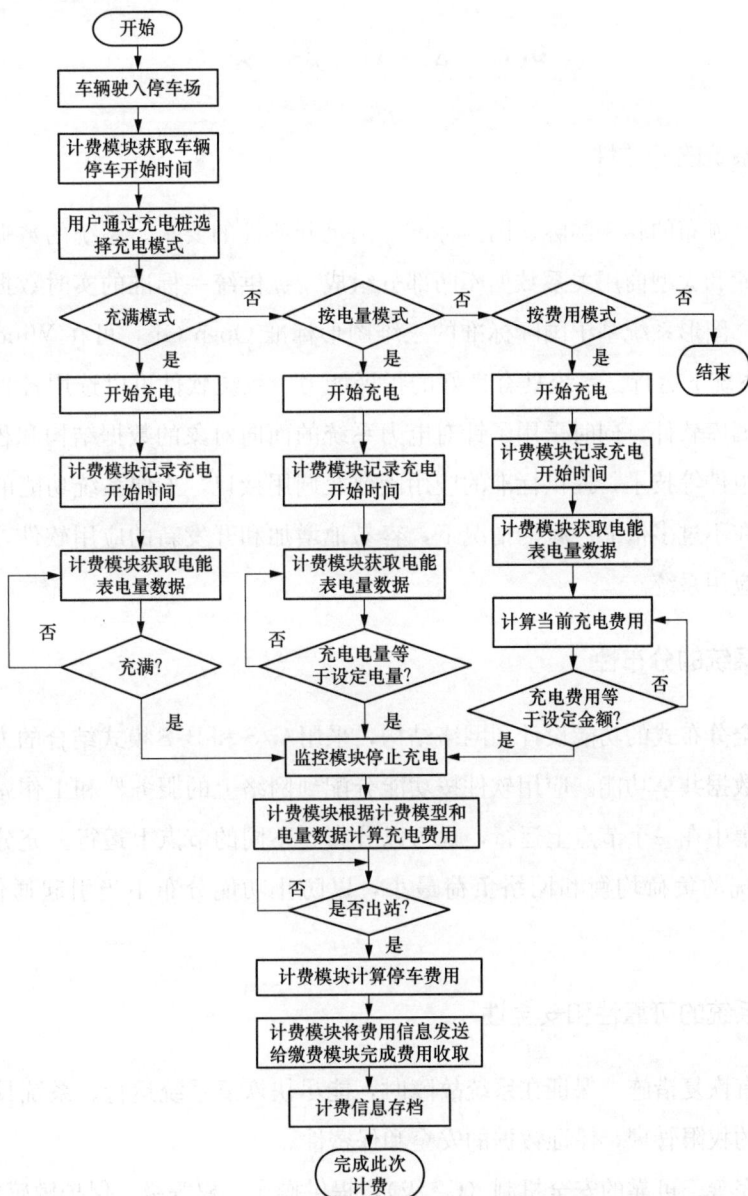

图 5-8　计费模块流程图

电动汽车快充站运营监控系统设计

6.1 设 计 原 则

6.1.1 系统的开放性

系统遵循已颁布的相关国际、国内标准，满足开放性的要求。系统的数据库由自行开发的实时数据库和大型商用关系数据库两部分组成。提供统一标准的实时数据库与历史数据库访问接口。图形系统基于国际标准的三维图形标准 Open GL，可在 Windows、Unix、Linux 等操作系统下运行。系统具有良好的扩展能力。系统软件可以选用各种主流的操作系统和关系数据库软件，同时采用了针对电力系统的面向对象的数据结构和程序设计、三层体系结构、组件等技术，提供标准的应用函数及调用接口，方便系统功能的扩充及用户的二次开发，在不过多依靠厂家的情况下，容易地增加和开发新的应用软件，将系统的开放性延伸到了应用系统。

6.1.2 系统的分布性

系统采用全分布式的功能设计和网络结构，采用 C/S 和 B/S 模式结合的方式。在网络环境下，实现数据共享功能。应用软件按功能分配到网络上的服务器和工作站上，所有功能模块既可以集中在一个节点上运行，也可以分布到不同的节点上运行。充分优化各节点资源，保证系统的负荷均衡和网络负荷最小，以防止功能分布不当引起通信的"瓶颈"效应。

6.1.3 系统的可靠性和安全性

系统应具有恢复措施，保证在系统故障时，能尽快恢复系统运行。系统具有高度的安全保障和完善的权限管理，保证数据的安全和保密性。

系统具有完善、可靠的安全机制（C2 级），提供操作特权等级、保护敏感数据和设备，防止非授权利用和病毒的攻击。

系统管理员具有唯一的最高系统特权，并可对任何操作人员授权。系统中操作员可分级授权。

6.1.4 系统的可维护性

系统所选设备全是符合现代工业标准、具有相当的生产历史、在世界计算机领域占有一定比例的标准产品，并有完善的维修服务支持，以便于系统投入运行后能得到可靠的维修服务。支持在线远程诊断功能，可以在远程通过电话线诊断系统的运行情况。

6.1.5 系统的实时性

系统具有优先内核和优先调度功能，对多任务调度不仅可以按时间片进行分时任务调度管理，还可按优先级进行实时任务调度管理。

6.1.6 跨平台性

系统使用跨平台的编程语言和环境，可在 Windows 7 及以上、Linux 或 Unix 等操作系统上安装和部署。

6.2 系统总体设计方案

6.2.1 运营监控系统功能需求

电动汽车快速充电站主要应用场景主要包括城市公共快充站（包括立体式充电塔，立体式停车充电库）和城际高速快充站。基本业务涵盖停车、引导、充电、收费等业务需求，基于业务需求快充站提供停车服务、充电服务、计量计费、电动汽车自动引导等业务流程。因此，运营监控系统的主要功能包括以下部分。

（1）监控功能：监视快充站内充电设施状态，可对充电过程远程控制。

（2）分时分段计量计费：基于当前服务区域的分时电价政策，结合电动汽车发展的不同阶段，构建快充计量计费模型，实现城市公共快充站和城际高速快充站的计量计费。

（3）车辆导引：对入站车辆充电车位智能动态分配，通过 LED 车位导引屏提示车辆车位信息实现停车自动导引管理，全过程导引电动汽车完成快速充电。

（4）融合计费：利用实时计量、实时采集、实时测算技术，基于快充站费用收取策略（包括停车充电计费策略、充电时免停车费、充电时收取低额停车费、燃油车停车费用等），实现充电、停车费用实时结算。

（5）卡管理：主要包括对智能卡进行充值、售卡、换卡、锁定、查询、补卡、挂失、解锁、解挂、退卡等业务。

（6）身份识别：通过读取智能卡和比对车牌信息确认入站车辆身份。

（7）充电查询/提醒：为用户提供充电状态查询及充电完成提醒功能。

（8）与站级监控系统信息交换：通过站级监控系统向上级运营管理系统采集用户身份信息、车辆信息、进行远程身份验证。

（9）高级应用功能：包括地图查询快充站信息、导航服务等。

6.2.2 运营监控系统架构设计

电动汽车快速充电站运营监控系统总体架构如图6-1所示。系统物理架构如图6-2所示。

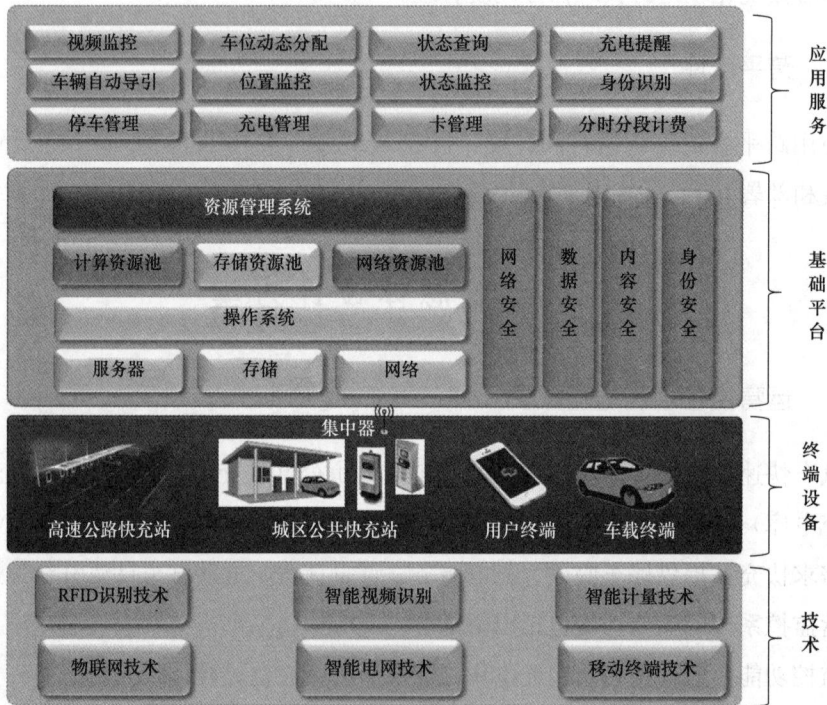

图6-1 电动汽车快速充电站运营监控系统总体架构

快速充电站运营监控系统（见图6-3）分为设备层、间隔层、站控层。主要包括站内运营监控子系统和对外服务子系统。两个子系统互相配合，实现了充电监控、计量计费、智能车辆导引、身份识别等功能，具备监控人机交互界面、实时的数据采集及存贮、运行监视和报警、运行记录、操作控制、画面显示和制表打印、通信功能、自诊断、自恢复功能。站内运营监控系统主要提供站内相关功能，包括车辆充电导引、一体式费用缴纳等功能，支持与站级监控系统接口，可以与省市级运营管理系统连接，获取并为计量计费提供实时电价等信息。对外服务子系统主要用于方便业务人员、管理人员和用户随时查看快充站的运营状况，提供基本的运营管理功能。

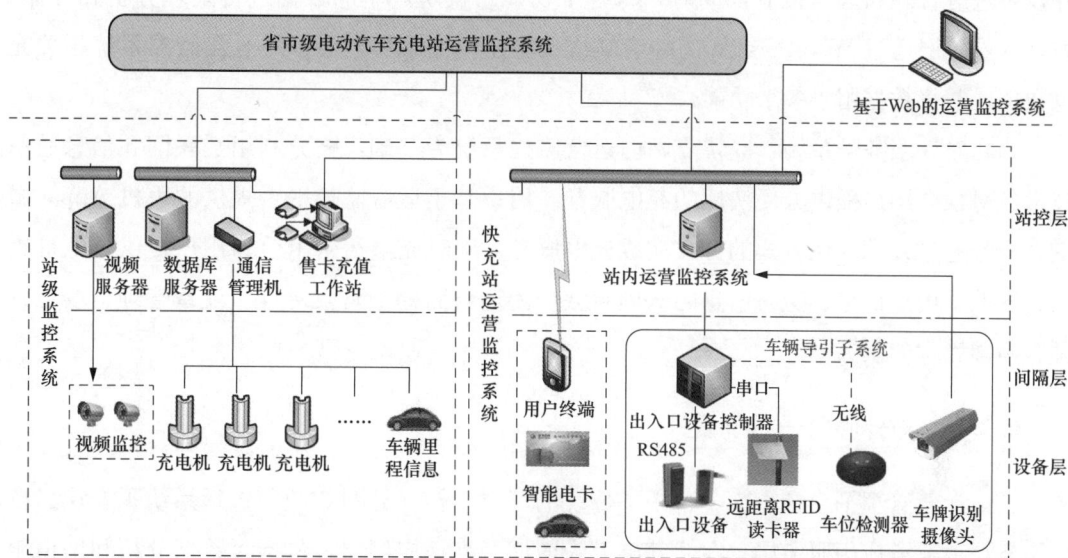

图 6-2 系统物理架构

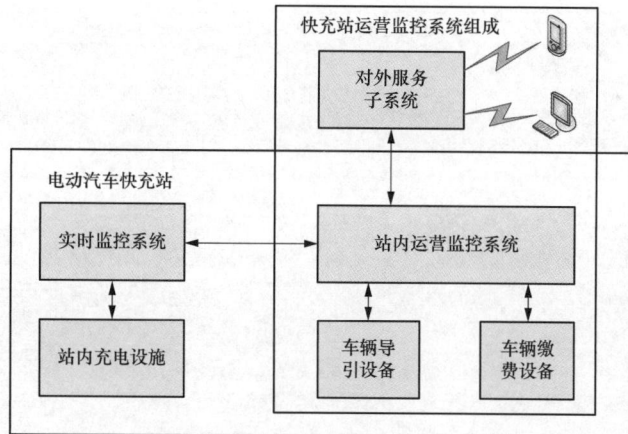

图 6-3 快充站运营监控系统组成

系统架构设计如下：

（1）设备层：快充站运营监控系统设备层主要由底层硬件设备构成，包括用户智能终端（如手机）、智能电卡、车载智能终端、出入站设备控制器、远距离 RFID 读卡器、车位检测器、LED 导引屏、车牌识别摄像头以及其他出入站设备组成。

（2）间隔层：间隔层由各个子系统控制模块组成，包括身份识别模块、计量计费模块、车辆导引模块、智能卡管理模块等。

（3）站控层：站控层建立在最顶层，对间隔层各个子模块进行协调控制。站控层应用服务器安装部署运营监控系统软件和数据库。站控层通过间隔层控制模块对设备层各个硬件设备进行管理和远程控制，同时，对各个功能子模块产生的数据进行处理分析和存储。另外，站控层通过 Web Service 接口获取站级监控系统以及上层省级运营监控系统相关充电数据，并将数据用于各个功能。

（4）对外服务子系统：以快充站内运营监控系统为基础，充分利用互联网和信息通信技术，对社会用户提供方便快捷的充电服务。用户基于运营监控平台提供的手机 App、微信公众号通过移动支付方式的方式完成充电服务，同时充电运营平台为用户提供充电桩查询、导航、用户信息、交易信息的查询服务，为运营商提供营收统计、设备管理、场地管理、新闻管理的服务。

6.2.3　对外服务子系统设计

充电运营管理平台核心部分采用了传统的三层架构（见图 6-4），包括系统平台层、支撑服务层、业务应用服务层。在此基础上为增加了高级应用层，包括大数据分析和增值服务接口，同时考虑了系统接入的安全要求。

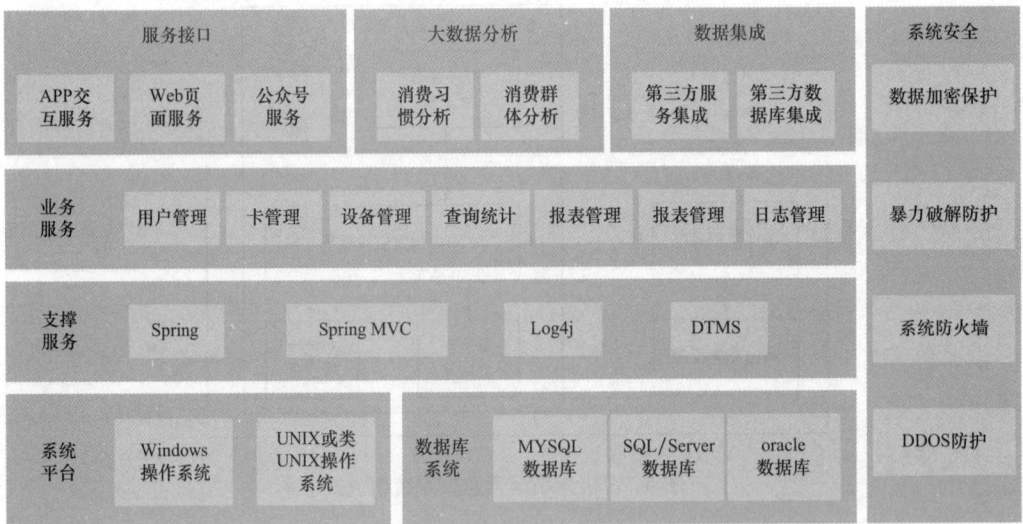

图 6-4　运营平台体系架构

（1）系统平台层。为适应不同用户的要求，系统的开发需兼容多种主流操作系统，支持跨平台和混合平台操作，数据库兼容目前主流的数据库。

（2）支撑服务层。支撑服务层为增强系统的开放性和可扩展性，建立统一规范的底层交互平台，实现服务层与应用层的分离。提供统一的数据传输接口，数据库访问接口以及控制命令接口。

（3）业务应用层。业务应用层建立在支撑服务层之上，通过服务功能模块搭建出不同的应用系统基础，实现实时状态监视、图形化展示、控制交互操作、业务数据记录查询、统计分析、报表曲线等多种功能。此外，提供严格的用户管理和授权管理，保证系统数据的安全性。

（4）高级应用层。通过对运营平台数据分析，为运营商提供建设决策和改善服务水平的数据依据。通过第三方的集成为政府或者车厂等与充电运营有关的企业单位提供数据支持。

6.2.4 系统通信方案设计

系统通信方案如图 6-5 所示，电动汽车快充站运营监控系统包括对外服务子系统和站内运营监控系统。站内主要的通信方式包括局域网、无线连接、CAN 总线、RS485 串行总线等通信方式。

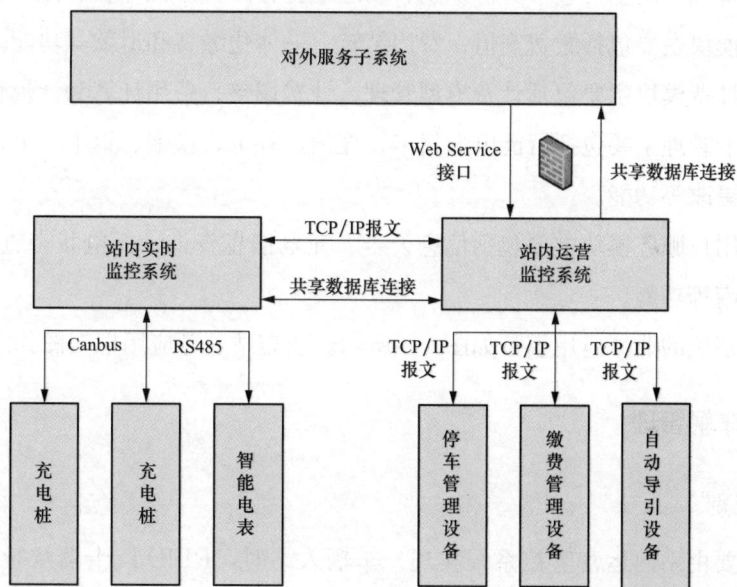

图 6-5 系统通信方案

（1）站内运营监控系统和站内实时监控系统。通过 TCP/IP 通信报文进行数据交换，获取站内实时监控系统的一些实时监控数据，包括充电桩实时状态、智能电表实时读数等数据；通过 ODBC 数据库连接直接访问站内监控系统数据库，获取监控系统的历史数据，包括充电记录、历史充电桩监测数据、充电桩报警数据等。

（2）站内运营监控系统和站内停车、缴费、导引等设备。通过 TCP/IP 通信报文来和站内停车管理设备、缴费管理设备、自动导引设备进行通信控制，设备包括道闸、车道感应线圈、读卡器等设备、车牌识别设备、缴费主机、读卡器、打印机、刷卡机、LED 导引屏、车位检测器等。

（3）对外服务子系统和站内运营监控系统之间使用网络隔离装置保证数据安全，对外服务子系统提供 Web Service 接口，站内运营管理系统通过 Web Service 接口来访问对外服务子系统的数据，包括用户充值数据、充电计费策略数据等。站内运营监控系统向对外服务子系统提供数据库访问接口，对外服务子系统可订阅数据库中充电设施监控数据、充电记录、计费记录、缴费记录等数据。

6.3 运营监控系统实现

（1）快充站运营监控系统业务模块分为五大类，分别是车辆管理、缴费、计量计费、智能卡管理和终端用户服务。

（2）车辆管理模块主要包括身份识别、动态车位分配、车辆导引和停车管理等功能。

（3）缴费模块主要包括缴费充值、费用结转、一体化缴费和退款等功能。

（4）计量计费模块主要包括计费模型管理、计费调整、费用计算和计量管理等模块。

（5）智能卡管理主要包括智能电卡售卡、充值、补卡、换卡、退卡、卡锁定、卡解锁、卡挂失、口令更改等功能。

（6）终端用户服务模块主要包括信息公告、充电信息查询、充电状态查询、充电完成提醒、服务指南等功能。

运营监控系统的业务应用模型如图 6-6 所示。快充站业务应用框架图如图 6-7 所示。

6.3.1 车辆管理

1. 身份识别

该功能主要由站内运营监控系统实现。车辆入站时，RFID 读卡器从智能卡读取用户身份及车辆相关信息，同时通过车牌识别摄像头识别车辆牌照信息并进行比对，完成车辆身份识别。

2. 动态分配车位和车辆导引

该功能主要由站内运营监控系统实现，动态分配车位功能适用于城区内停车场式快充站。由于停车场车位较多，需要根据车辆类型动态分配车位。对于新入站电动汽车，运营监控系统根据当前充电车位使用情况和就近原则自动为其分配充电车位，并通过车辆导引功能将车辆导引到所分配的车位上，避免车辆随机选择充电车位导致高峰期车辆寻找充电车位时间过长，停车场内道路拥堵的问题。

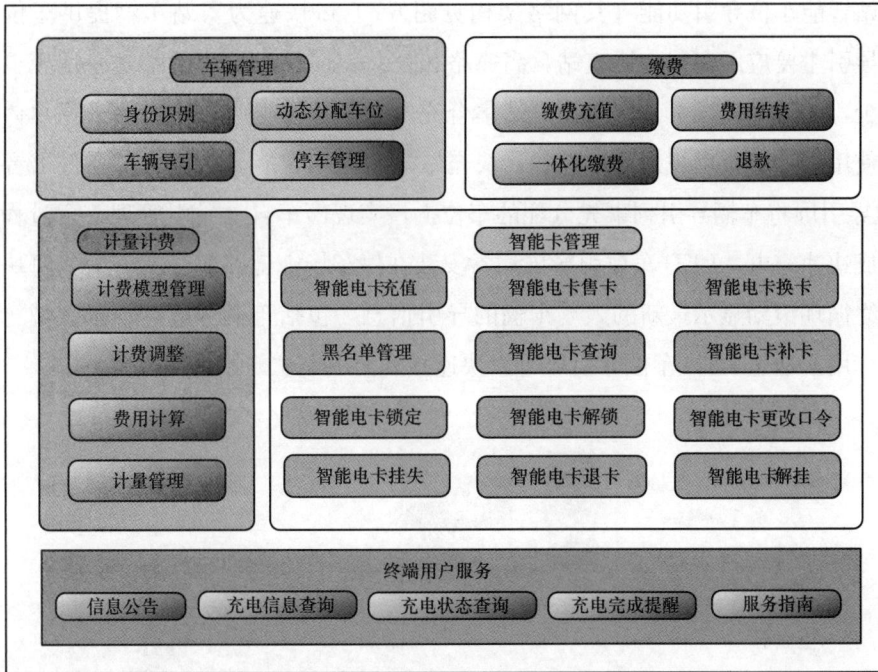

图 6-6　运营监控系统的业务应用模型

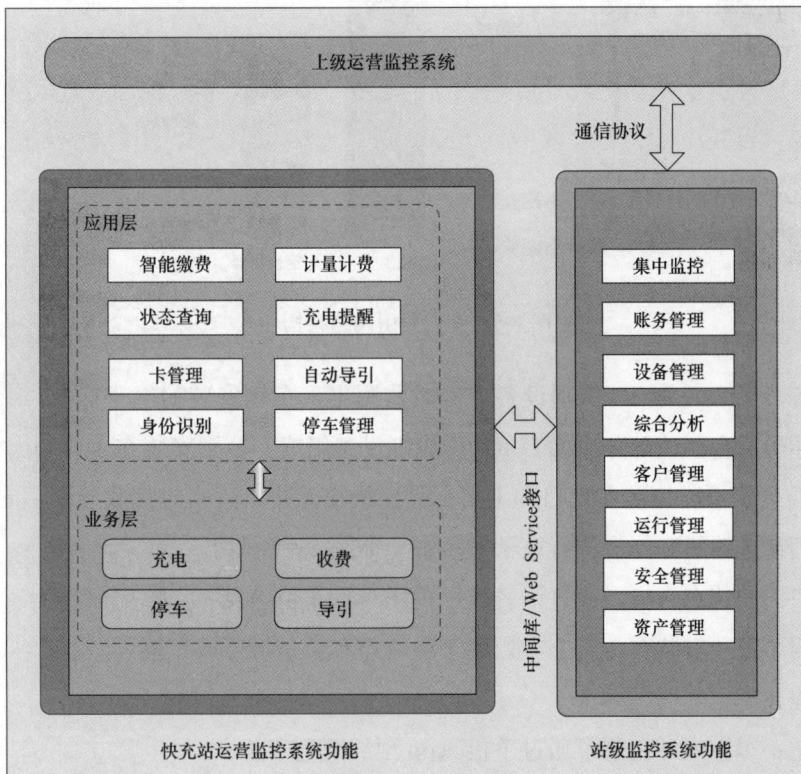

图 6-7　快充站业务应用框架图

快充站智能车位导引功能（其网络架构见图 6-8）可快速为入站车辆提供车位引导功能，车辆导引主要应用在城内快充站，高速路和公共交通快充站一般都是专用充电站，充电设备较少，无须车辆导引。城内快充站集合充电、停车两类应用，为提升用户体验、提高快充站使用效率、合理规划充电设备，快充站配备车辆智能导引服务。通过语音模块和 LED 车位导引屏将车辆导引到事先分配的车位上，实现停车自动导引管理，全过程导引电动汽车完成快速充电。LED 车位引导屏通常安装在停车场内道路的交叉口处，每块车位导引屏上始终循环滚动显示最新的入场车辆的导引信息，包括车辆号牌、停车区域、车位编号等信息。用户通过 LED 车位导引屏可以快速找到充电车位开始充电。

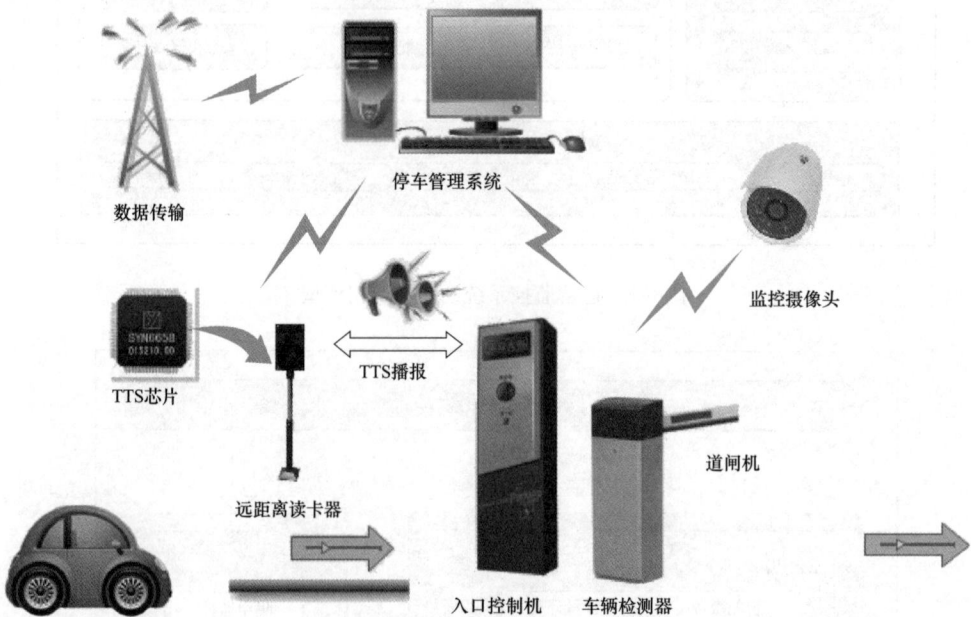

图 6-8   车位导引网络架构

（1）设备。出入口 RFID 识别设备：实时监测出入车辆安装的电子标签，并将电子标签信息上行导引后台。该部分由两套 RFID 识别设备组成，分别安装在入口和出口。

LED 车位导引屏：安装在入口和主要行驶路线交叉路口，实时接收导引后台的显示信息，指示车辆行进路线和停靠位置电子显示屏，如图 6-9 所示。

语音模块：安装在入口，通过语音提示进场车辆车位信息。

车位检测装置：安装在车位上方，用于检测该车位是否停放车辆。

具体过程如下：

（2）入站。车主入站之前可通过手机 App 预约充电车位。

车辆入站时，身份识别模块通过读取智能卡获取车主身份、车辆号牌等信息，智能导

(a)

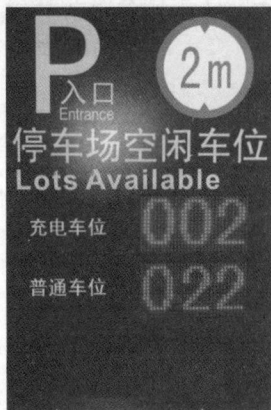

（b） 　　　　　　　（c）

图 6-9　LED 导引屏

(a) 车位导引指示屏；(b) 停车场入口导引屏；(c) 停车场 LED 导引屏

引模块通过 LED 车位导引屏、语音模块将车辆导引到预约车位或者临时分配的充电车位上。否则，运营监控系统（车位分配界面见图 6-10）根据车辆类型分配充电车位，并由智能导引模块对车辆进行导引。

图 6-10　运营监控系统车位分配界面

车辆入站后，运营监控系统通过语音模块和电子显示屏告知车主充电信息车位和区域信息，例如："车号—充电区域—停车位编号"。同时，运营监控系统根据当前站内充电车位情况以及目的车位位置生成车辆行驶路线图，并通过安装在车辆行驶路线上的 LED 车位导引屏来提示车辆行驶路线和车位信息。

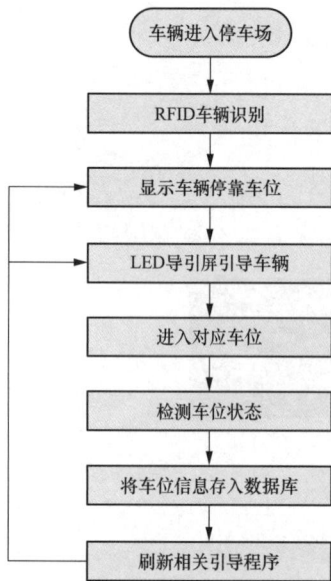

图 6-11　车辆导引流程

当车辆行驶到正确停车位并开始充电后，运营监控系统将 LED 车位导引屏关于该车辆的导引信息删除。如果车辆到达的停车位不是分配的正确停车位，但是当前停车位并没有被其他车主预约，运营监控系统将原来分配的停车位分配给其他车辆，同时删除 LED 车位导引屏关于该车辆的导引信息。

（3）出站。当到达出口处系统读到智能卡后，首先要进行身份验证，然后启动摄像机抓拍整车车图和适合车牌识别的局部车图，确定车辆牌照信息和智能卡内信息一致后，根据入场与出场的时间计算停车费用（针对室内停车场充电站等场景），将停车费用和充电费用合计后，通过收费显示屏和语音两种方式进行提示，完成收费后记录本次收费相关数据。

车辆导引流程如图 6-11 所示。

6.3.2 缴费管理

该功能主要由站内运营监控子系统实现。

（1）缴费充值。通过缴费充值模块完成对用户智能电卡的充值。

（2）费用结转。快充站发生的所有充电和停车费用的对账和结算。

（3）一体化缴费。不同的应用场景下，缴费策略略有不同。高速路、公共交通快充站多为专用充电站，电动汽车用户在高速服务区、公交快充站、出租车快充站进行充电后，期望电动车能尽快投入使用，此类用户只需缴纳充电费用。市区内停车场内的快充站、充电塔、立体式充电站，由于用户多为私家车主，有充电、停车的双重需求，针对此类场景，为更好地满足用户体验，实行充电、停车一次性缴费，充电时间段内不收取停车费（或收取少额停车费），充电结束后一定时间段内车没有开出停车场的，按规定收取停车费用。缴费方式包括智能电卡刷卡缴费和无卡缴费两种方式。其中无卡缴费应支持银行卡和现金两种方式付费。缴费管理界面的费用统计界面如图 6-12 所示。

高速路、公共交通快充站费用自动一体结算流程见 5.2 节中的相关内容。

（a）

（b）

图 6-12 缴费界面

（a）缴费管理界面；（b）费用统计界面

城市公共快充站费用自动一体结算流程见 5.1 节中的相关内容。

6.3.3 计量计费

计量计费功能主要包括计费模型管理、计量管理、费用计算和计费调整。通过站内监控子系统和用户互动服务子系统共同完成。

1. 计费模型管理

该功能由用户互动服务子系统完成。计费模型管理（见图 6-13～图 6-15）根据国家相关部门、公司下发的计费政策及标准，结合本省实际情况，省公司统一管理适合本省的计费模型。计费模型管理业务包括计费配置管理和计费模型管理。计费模型管理可以设置各个峰、谷、平时段时间范围，各个时段充电费率、充电服务费费率等，还可增加、编辑或者删除计费模型。

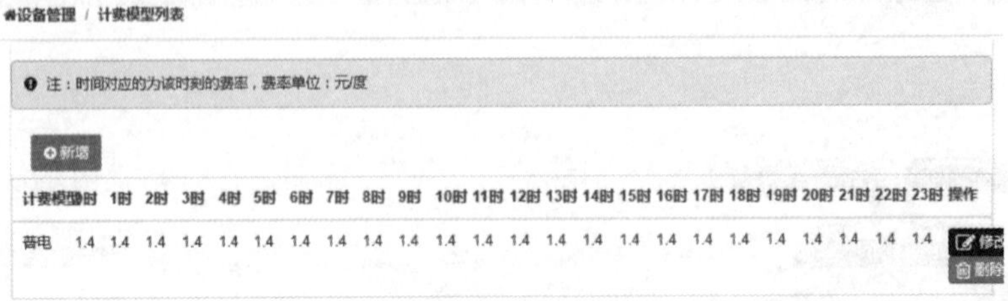

图 6-13　用户互动服务子系统管理计费模型

图 6-14　用户互动服务子系统新增计费模型

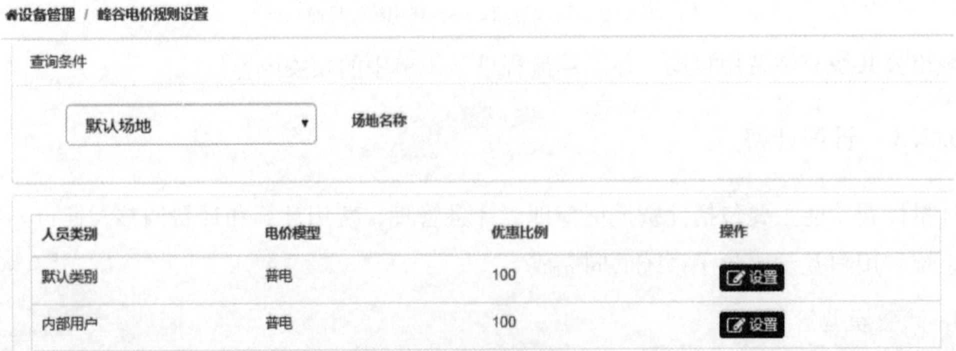

图 6-15　用户互动服务子系统峰谷电价规则设置

2. 计量管理

通过充电桩、车载直流电能表方式获得电动汽车充/换电的计量信息（充电电量、电池放电电量、行驶里程等），还可通过接口获取站内监控系统的计量信息。

3. 费用一体式结算

该功能通过站内运营监控子系统实现，站内运营监控子系统通过 Web Service 接口从用户互动服务子系统获取计费模型和各时段分时电价等计费依据，根据电能表数据完成充电费用计算。再根据电动汽车停车时段完成停车费用计算，将计费结果发送到缴费模块，由缴费模块完成费用收取。

立体式充电塔和立体式充电停车库充电车位较多，为了提高电动汽车充电停车费用缴纳效率，运营监控系统采用费用一体式结算方法，具体过程如下。

（1）当电动汽车进入立体停车库时，车牌号被拍照保存，同时运营监控系统为该车分配车位，车主将拿到一张关联自己车牌号和车位信息的停车缴费卡。同时，系统记录停车开始时间。

（2）汽车驶入停车位后，用户用停车缴费卡在充电桩上刷卡开始充电，这时运营监控系统保存车辆信息，根据车辆停车位信息，将线路选择单元中相应车位的继电器打开，为该车位供电。同时，计量计费模块计算消耗的电量以及电费。

（3）充电完成后，该车辆充电费用完成计算，但是停车费用继续累计。当车辆驶出充电塔/立体充电停车场时，用户刷停车缴费卡，运营管理系统给出停车和充电累计费用，用户通过刷卡/现金完成费用支付（计费过程可见 5.6 节计费模块实现）。

6.3.4 智能卡管理

该功能通过用户互动服务子系统来实现。智能卡作为充电、缴费、身份识别的有效途径，可以为用户提供更便利的充电、缴费业务需求，提升用户体验。智能卡管理主要包括充值、售卡、换卡、锁定、查询、补卡、挂失、解锁、解挂、退卡等业务，如图 6-16 所示。

图 6-16　智能卡管理

针对未发行卡的用户进行发卡操作，可以批量发行，用扫码枪或手动输入卡内码，如果数据库已导入卡信息，则从库里读出卡内码、押金等显示到页面上（未发行状态的卡）。对卡进行挂失/解挂、修改密码、有效期，注销、补卡等操作，如图 6-17 所示。

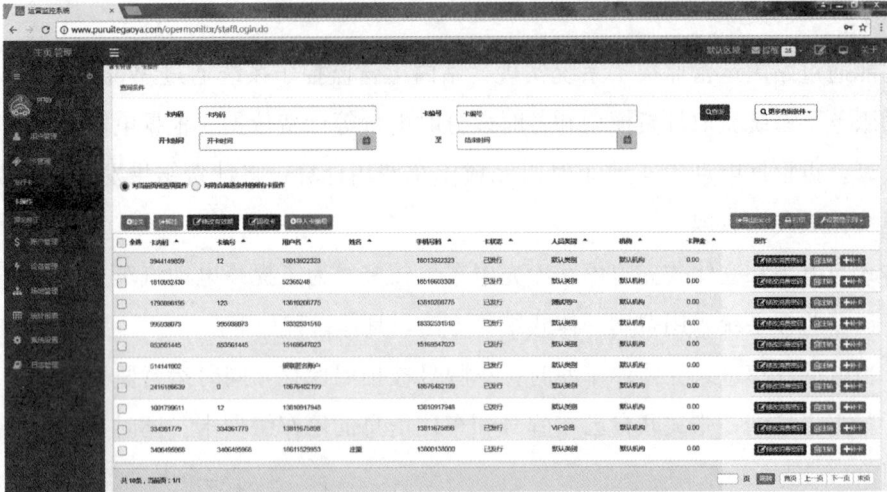

图 6-17　用户互动服务子系统卡管理界面

发行、注销、挂失解挂、补卡都要记录操作历史，其中发行、注销、补卡涉及押金操作，挂失解挂不涉及。

6.3.5　充电设施监控

充电设施监控包括站内运营监控系统（见图 6-18）和用户互动服务子系统（见图 6-19）

图 6-18　站内充电设施监控界面

图 6-19　用户服务子系统监控界面

的监控功能。站内运营监控通过 TCP/IP 报文从站内实时监控系统获取充电设施实时状态。用户互动服务子系统通过 Web Service 接口获取站内运营监控系统的充电状态数据，完成充电设施监控功能。

6.3.6　充电完成提醒

用户在互动服务子系统进行用户注册时，会登记手机号并通过手机完成验证。当充电完成时，站内运营监控系统调用用户服务子系统 Web Service 接口，进行充电完成短信发送。

6.3.7　人员管理

主要通过用户互动服务子系统完成用户注册、账户信息管理等功能（见图 6-20）。

（1）用户通过手机验证完成注册，用户手机注册的账号可以绑定充电卡。

（2）后台账户里存储金额信息，充电卡里不存储任何信息，为方便以后扩展，一个用户对应多张卡、多个账户。

（3）账户信息包含账户 ID，账户编号、账户余额、账户状态、生效时间、有效期、余额变更时间、创建时间等。

（4）提供查询、修改、删除、批量导入、导出、打印、设置显示/隐藏列功能。

（5）可输入用户基本信息，上传用户头像，注册用户时可以同时选择发行卡、充值等操作。

（6）提供充值流水和消费流水的查询功能。

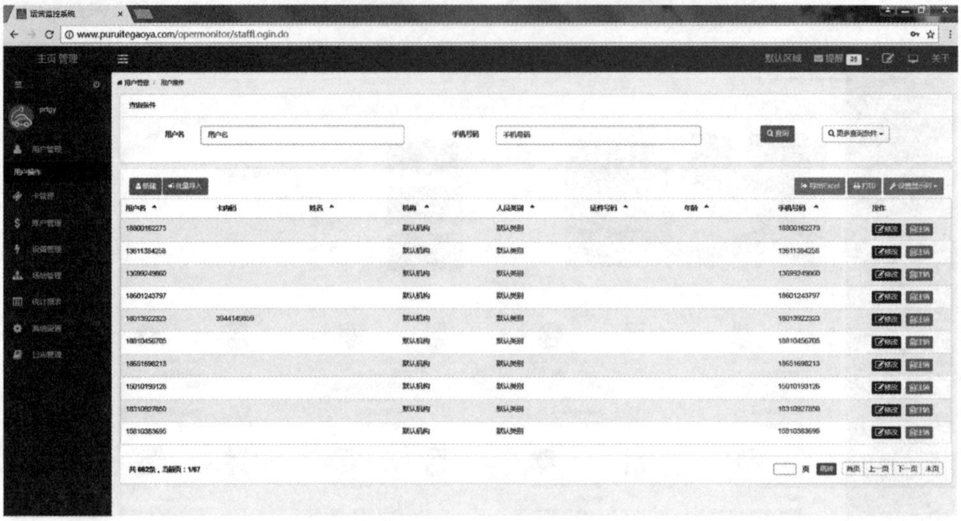

图 6-20　快充站运营平台人员管理界面

6.3.8　设备管理和场地管理

用户互动服务子系统具有设备管理功能，还可以管理多个快充场站，快充站运营平台设备管理和场地管理界面如图 6-21、图 6-22 所示。

（1）根据平台设计要求，对充电桩进行统一编号，并且提供二维码信息。

（2）平台应可以通过单个导入或者批量导入的方式将充电桩接入系统。

（3）通过对充电桩分组，可以实现分组管理，可以对单个充电桩或充电桩组设置费率。

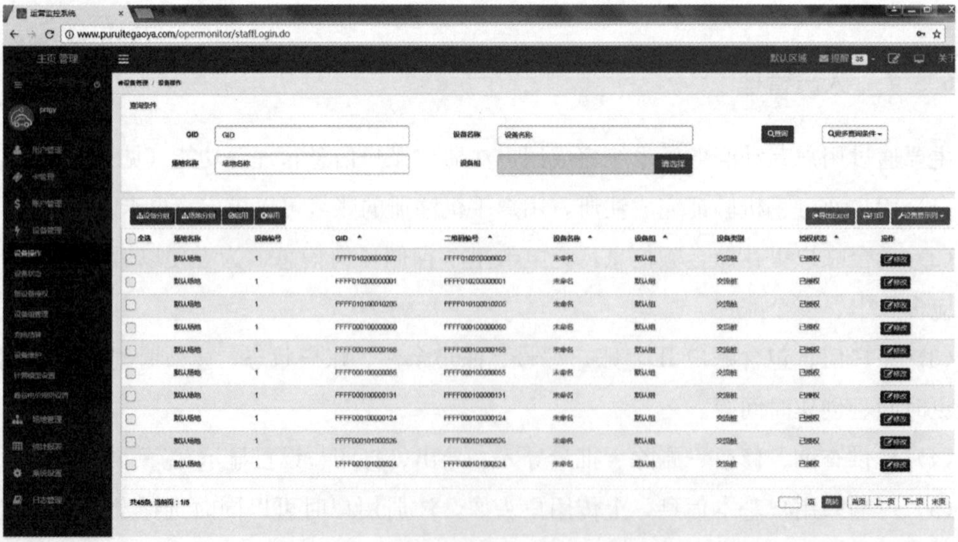

图 6-21　快充站运营平台设备管理界面

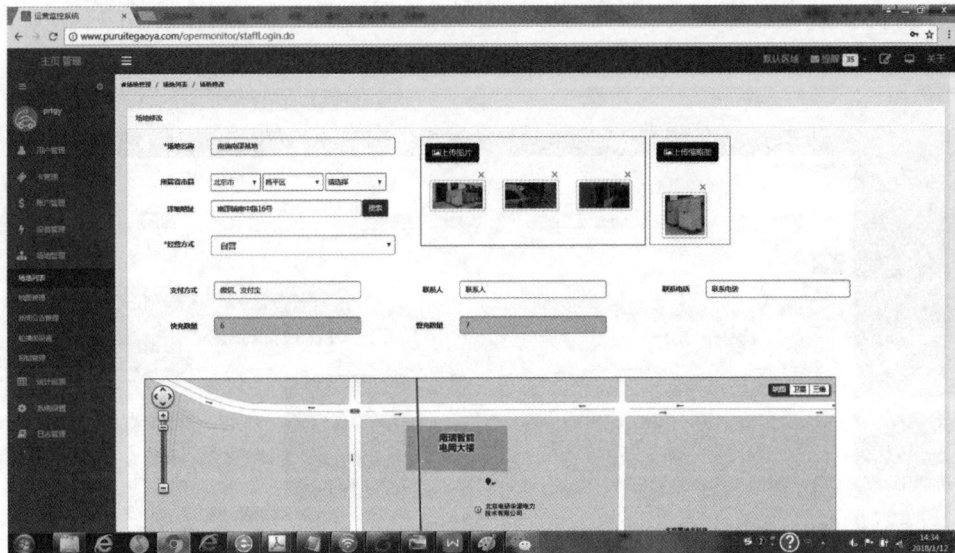

（a）

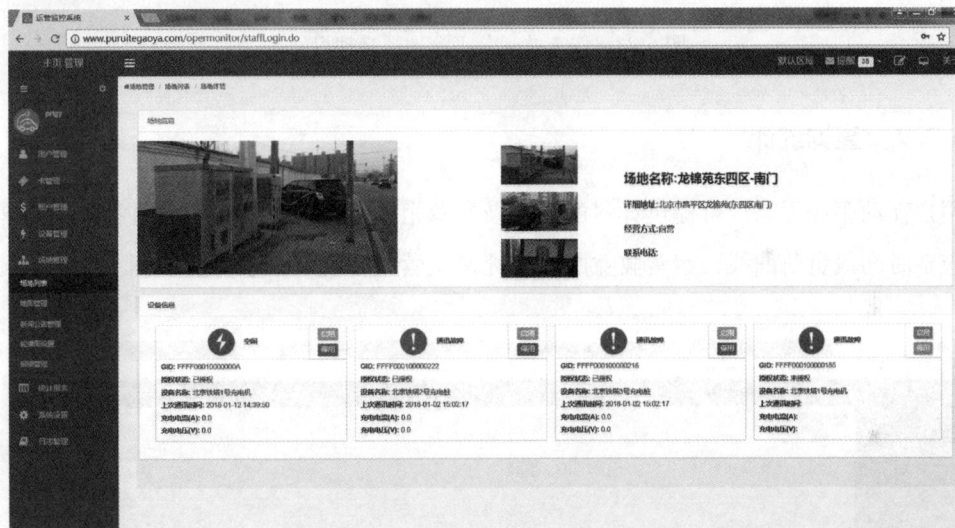

（b）

图 6-22　快充站运营平台场地管理

（a）场地列表界面 1；（b）场地列表界面 2

（4）实现充电桩的远程管理，通过授权、禁用的方式进行充电桩的维护。

（5）查看每个充电桩的运行状态，在异常状态下支持手动完成结算的功能。

（6）在场地列表中进行充电桩地理信息维护，提供新建充电站、设置费率、插入现场照片及地图定位的功能。

（7）在地图管理中，提供查看充电站的分布、充电站运行状态，选中单个充电站进入后查看每个桩的状态，并可以对每个桩进行控制，地图管理界面如图 6-23 所示。

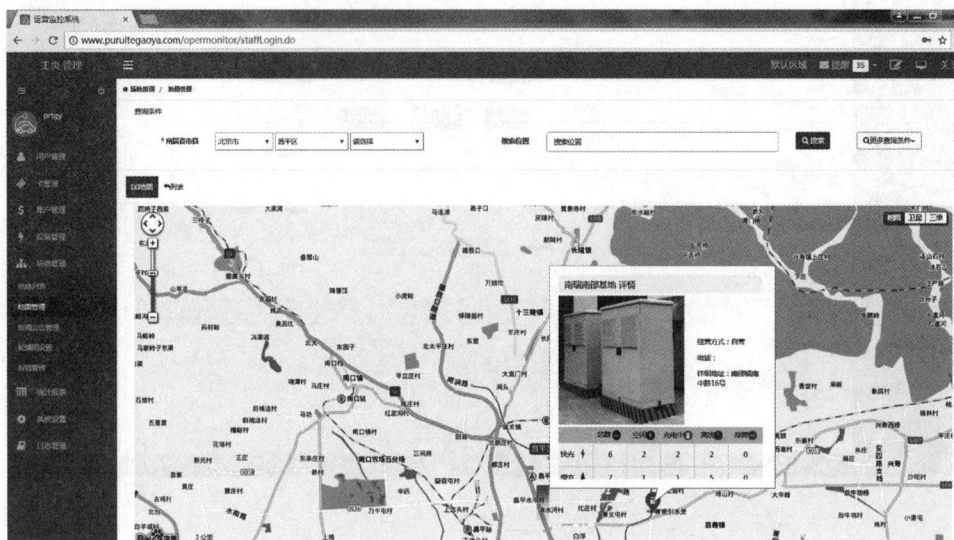

图 6-23　快充站运营平台地图管理界面

6.3.9　查询统计

用户互动服务子系统可提供详尽的财务及经营报表、财务日报、财务月报、财务年报、主要包括时间段负荷曲线、运营收益图，快充站运营平台统计报表界面如图 6-24 所示。

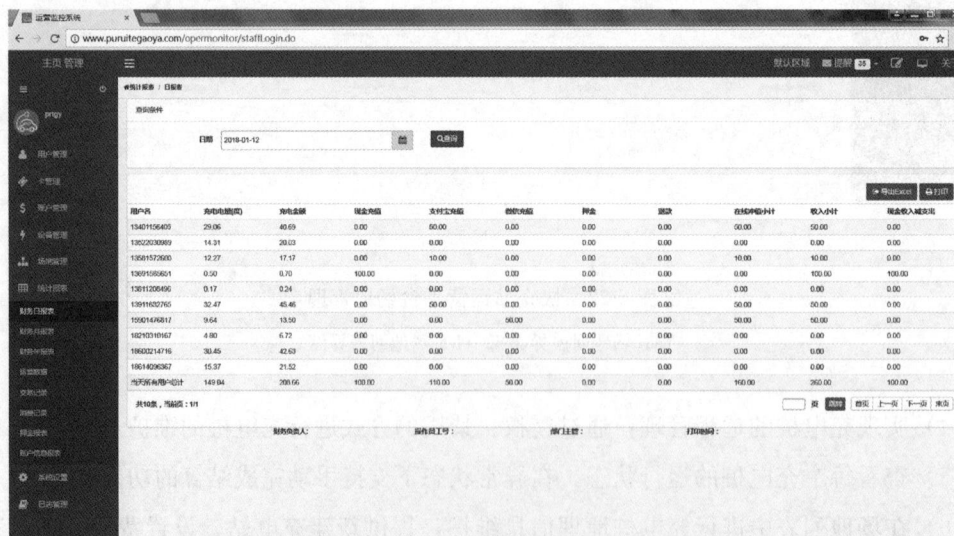

图 6-24　快充站运营平台统计报表界面

6.4　软件支撑平台及技术

6.4.1　数据库管理系统

数据库管理系统由两部分组成，其中一部分是 ORACLE 等关系数据库。另一部分是基于内存的实时数据库。实时数据库是一种宿主型的数据库，它依赖于关系数据库来保存信息，如数据库模式描述，数据库备份，数据断面的保存与恢复等。两种数据库协调运行，数据同步和并发访问由实时数据库负责管理。

6.4.2　分布式系统管理与监控

在复杂的分布式系统中，需要有效的手段管理系统中的硬件及软件对象，监视整个系统的运行状态，检测硬件和软件故障，以及在故障情况下通过自动或人工重新构造系统配置，以达到高效可靠运行的目的。主要包括分布式系统配置管理和分布式系统监视与控制。

6.4.3　高级脚本语言

系统提供了脚本语言，支持用户化的各类计算及控制。

6.4.4　可视化技术

（1）完全采用三维图形 Open GL 标准，提供跨平台的图形解决方案。
（2）支持图形的无级缩放、变焦、漫游、导航、分层。
（3）采用图库的方式管理图形，保证全网图形的一致性。
（4）提供常用图案及图符库。
（5）提供绘图模板。

6.4.5　二次开发接口

系统为用户二次开发提供应用编程接口（C++ API、存储过程等）及脚本语言，便于用户进行系统的调整和个性化应用开发。

6.5　系统运行环境及性能指标

6.5.1　系统运行环境

（1）操作系统版本：Windows 7 及以上版本操作系统。

（2）数据库版本：Sql server 2008。

（3）公用网络：TCP/IP、10M/100M/1000M 自适应。

6.5.2　性能指标

（1）可监控快速充电机数量：不少于 512 台（可扩）。

（2）测量值的系统综合误差率应小于 1%。

（3）遥信处理正确率大于 99.9%。

（4）画面调用响应时间小于 10s。

快充模式下电动汽车充电设施运营经济性能评价

7.1　快充模式下电动汽车充电设施运营收益模型

本章通过分析电动汽车充电设施的投入（成本）构成、产出（收入）构成，建立收益计算模型；分析电动汽车快充设施固有特征和运行特征，建立经济性能指标计算模型；分析电动汽车发展的内部环境、外部环境、发展阶段等因素对运营收益和经济性能的影响（见图 7-1）。

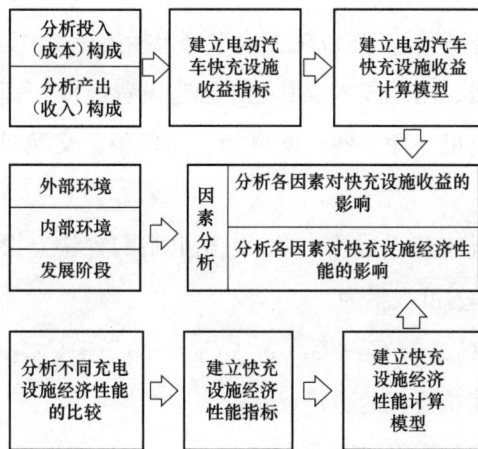

图 7-1　快充模式下电动汽车充电设施运营成本收益模型建立过程

7.1.1　电动汽车快充设施投入计算模型

首先分析电动汽车充电设施投入构成（见图 7-2），包括基础设施建设成本、运营成本、配电设施成本、配电设施维护成本、销售电价、充电损耗率、基础设施折旧率和配电设施折旧率。

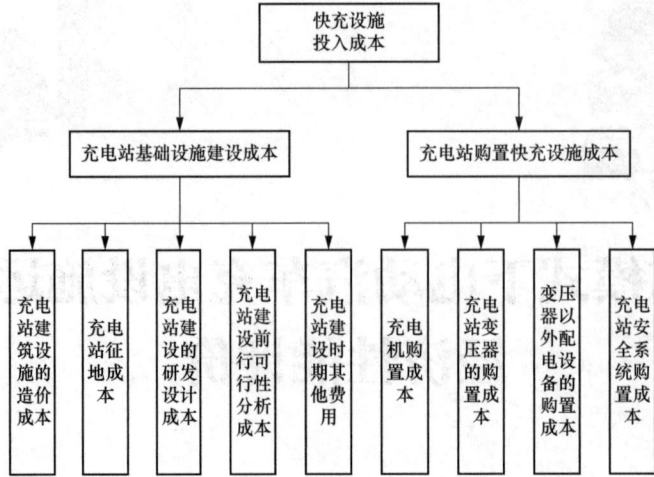

图 7-2　快充设施投入成本分析

1. 建设时期成本

充电站工程项目建设成本包括充电站从决策立项到建成投产期间的全部成本。建设期成本主要是由充电系统、配电系统、安全系统等单体工程发生的建设成本和购置成本。

充电站建设期间基础设施建设成本由项目实施前期的可行性论证支出（包括技术经济调研、环境及社会效益评估、风险预测及评价等费用）、设计研发成本（包括工程设计费、测试费和项目建设技术服务费等）、建设施工成本（包括招标费、建筑和安装工程费、设备和工具购置费、设备安装费、用地成本及其他工程建设费等）、工程建设其他费用构成。

设施成本主要是由充电机、变压器、配电柜、通信柜、交换机、滤波器及电缆等成本构成。

设 C_{base} 为充电站基础设施建设成本，C_{fast} 为充电站购置快充设施成本。根据建设时期各阶段的主要费用情况，C_{base} 可表示为

$$C_{base} = C_a + C_l \cdot q_l + C_{R\&D} + C_m + C_{ob} \tag{7-1}$$

式中　C_a——充电站建筑设施的造价成本；

　　　C_l——充电站单位面积用地成本；

　　　q_l——充电站占用土地总面积；

　　$C_{R\&D}$——充电站建设的研发设计成本；

　　　C_m——充电站建设前期可行性分析成本；

　　　C_{ob}——充电站建设时期其他费用，如建设场地征用费、清理费等。

充电站购置充电配电相关设施成本 C_{fast} 可表示为

$$C_{fast} = C_e \cdot f + C_t + C_p + C_s \tag{7-2}$$

式中　C_e——充电机的单位购置成本；

　　　f——充电站购置充电机的数量；

　　　C_t——充电站变压器的购置成本；

　　　C_p——除变压器以外配电设备的购置成本；

　　　C_s——充电站安全系统购置成本，如监控和附属设施、消防设备等。

2. 运营时期成本

充电站运营期成本指充电站在为车辆提供充电服务的运转过程中所发生的费用总和，主要包括电费成本（充电电费成本、线路损耗和站内其他设施消耗成本）、设备维修费、设备折旧费、人工成本及其他费用等。

电费成本是指充电站为向电动汽车提供充电服务并维持站内设备正常作业向电网公司购电产生的购电成本。充电站购入电量绝大部分用于为车辆的充电，少部分为充电站内部设备耗用。

设备维修费是指充电站对已磨损的设备零部件进行修复或更换，以恢复其性能、精度和效率而产生的费用。费用偏低的中小型修理只需要对设备进行简单或局部修复即可，而大修则需要对设备做全面修理，费用支出较大，且随着设备使用年限的增长。因设备劣化而产生的大修理费会不断增加。

设备折旧费是指按照固定资本耗损的程度而为它的更新提取准备资金。设备在实物形态上可以长期使用，而它的价值则是按照耗损的程度逐渐转移到新产品上去，为了保证再生产的正常进行，必须把转移到新产品上去的这部分固定资本价值，从销售商品的收入中及时地提取并积累起来，以备将来更新和恢复固定资本之用。折旧费是指站属固定资产因磨损逐渐转移而按一定折旧率予以计提的价值。

充电站在运营期间，还会产生人工工资、税费及其他费用。人工成本是充电站员工的薪酬、津贴等支出。

设充电站运营期运营及维护成本为 $C_{operation}$，$C_{operation}$ 则可表示为

$$C_{operation} = C_{chr} + C_{mt} + C_{dep} + C_{mal} + C_o \tag{7-3}$$

式中　C_{chr}——电费成本；

　　　C_{mt}——设备维修费；

　　　C_{dep}——设备折旧费；

　　　C_{mal}——人工成本；

　　　C_o——其他费用。

在不考虑分时电价情况下，电费 C_{pl} 可以表示为

$$C_{pl} = \frac{P_t}{\cos\varphi\eta}C_{ep}t_{et}k + P_0 C_{ep}t_{eo} \tag{7-4}$$

式中　P_t——变压器的输出功率；

$\cos\varphi$——充电机的功率因数；

η——充电机的充电效率；

k——充电站中充电机的同时工作系数；

t_{et}——充电机的年均工作小时数；

C_{ep}——充电站从电力公司处的购电价格；

P_0——其他电力设备的输出功率；

t_{eo}——其他电力设备的年均工作小时数。

如果考虑分时电价，则电费 C_{p2} 可以表示为

$$C_{p2} = \sum_{i=1}^{4} \frac{P_t}{\cos\varphi\eta}C_{epi}t_{eti}k + P_0 C_{epi}t_{eoi} \qquad (7\text{-}5)$$

式中　C_{ep1}——尖峰时段购电价格；

t_{et1}——尖峰时段充电机的年均工作小时数；

t_{eo1}——峰段其他电力设备的年均工作小时数；

C_{ep2}——峰段购电价格；

t_{et2}——峰段充电机的年均工作小时数；

t_{eo2}——峰段其他电力设备的年均工作小时数；

C_{ep3}——平段购电价格；

t_{et3}——平段充电机的年均工作小时数；

t_{eo3}——平段其他电力设备的年均工作小时数；

C_{ep4}——谷段购电价格；

t_{et4}——谷段充电机的年均工作小时数；

t_{eo4}——谷段其他电力设备的年均工作小时数。

7.1.2　电动汽车快充设施收入计算模型

电动汽车快充设施的收入主要由以下几方面构成，充电电量、电价差和充电收益。

（1）充电收入。电动汽车快充电站的收入主要来自于对电动汽车的充电服务，快充电站提供充电服务的年收入 R_e 可表示为

$$R_e = LE_s DM(C_{es} + C_{ss}) \qquad (7\text{-}6)$$

式中　E_s——电动汽车行驶每公里所需要的电能；

L——每辆电动汽车日均行驶里程；

D——电动汽车每年运行的天数；

M——快充电站服务的电动汽车数目；

C_{es}——快充电站售电价格；

C_{ss}——快充电站每度电收取的服务费。

（2）其他服务收入。由于电动汽车在快充电站充电时间较长，约为 20min，可以在快充电站建设服务类设施，如超市、快餐店等来加速成本回收。充电站一般占地面积较大，在晚上充电车辆较少时可以选择将充电站部分车位作为停车场来增加收益。运营商还可通过 EVT 车载终端、客服服务网站或手机短信等多种方式向用户提供包括实时电价、最优充电路径、所在地充电设施信息等多种增值服务来盈利。

（3）总收入可以表示为

$$R = R_e + R_o \qquad (7-7)$$

式中　R_o——其他服务收入。

7.1.3　电动汽车快充设施收益计算模型

（1）减排效益。纯电动汽车在运行过程中几乎没有尾气排放，但由于电动汽车充电电力主要是煤电，因此需计及此部分排放

$$R_c = \frac{MLDC_c(W_{CBD} - W_{EV})}{100} + E_{PV}W_cC_c \qquad (7-8)$$

式中　$\dfrac{MLDC_c(W_{CBD} - W_{EV})}{100}$——使用煤等化石燃料发电时，相较于传统燃料汽车电动

　　　　汽车的 CO_2 排放收益；

$E_{PV}W_cC_c$——使用站内太阳能发电时的 CO_2 排放收益；

C_c——碳减排的价格；

W_{CBD}——传统燃料汽车行驶每 100km 的 CO_2 排放量；

W_{EV}——电动汽车行驶每 100km 的 CO_2 排放量；

E_{PV}——清洁能源年均发电量；

W_c——煤电生产 1kWh 电量所产生的 CO_2 排放量。

（2）政府补贴。现阶段补贴政策对新能源汽车推广城市或城市群给予充电设施建设奖励：对符合国家技术标准且日加氢能力不少于 200kg 的新建燃料电池汽车加氢站每个站奖励 400 万元；对服务于钛酸锂纯电动汽车等建设成本较高的快速充电设施适当提高补助标准。地方政府要加大支持力度，将中央财政奖励资金与地方投入统筹使用，结合本地新能源汽车推广应用情况研究制定具体落实办法；对快速充电等建设成本较高的设施适当加大奖励力度。政策中明确对电动汽车充换电设施的用电实行价格优惠，意图从充电站的每 1kWh 电成本中减免基本电费、土地出让费等，并为即将全面推广的公共充电站定价，利用价格杠杆促进电动汽车的推广应用。北京市发改委制定出台电动汽车充电服务费的相关

规定,于 2015 年 8 月 1 日实施,拟订的每千瓦时收费上限标准为当天北京 92 号汽油每升最高零售价的 15%;2020 年 1 月 1 日起充电服务费按国家规定实行市场调节价;其他地区电动汽车充电也需要缴纳服务费,从 0.45 元/kWh 到 1.6 元/kWh 不等。

(3)总收益。假定充电站可以正常服务 20 年,则年均收益为

$$P = R + R_c + R_z - \left(\frac{C_b + C_d}{20} + C_o\right) \tag{7-9}$$

式中 R——总收入;

     R_c——减排效益;

     R_z——政府补贴;

     C_b——充电站建设时期成本, $C_b = C_{base} + C_{fast}$;

     C_d——充电站运用时期成本, $C_d = C_{operation} + C_p$;

     C_o——充电站每年除建设成本和运营成本外产生的其他费用。

综上,电动汽车快充设施成本收益模型可由图 7-3 表示相互关系。投入成本可以分为建设时期成本和运营时期成本。建设时期成本包括基础设施建设成本、配电设施建设成本等;运营时期成本包括配电设施维护成本、人工成本、电费以及折旧费等。电动汽车充电设施收入主要为电动汽车提供充电服务收入。充电站还可以通过互联网提供增值服务进行营利,也可以在闲时将充电站部分场地作为停车场出租。快充设施的运营效益主要体现在减排效益和政府补贴上。

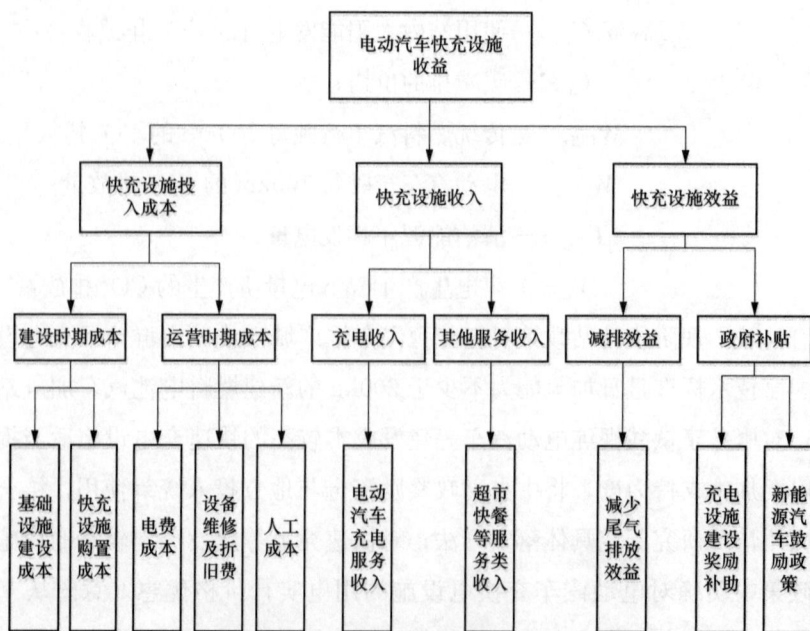

图 7-3 电动汽车快充设施收益组成

7.2 电动汽车快充设施运营经济性能评价体系

7.2.1 财务评价指标

1. 指标内容

财务评价指标分为充电站盈利能力指标、充电站清偿能力指标和充电站财务生存能力指标。从投资和运营的角度分析电动汽车快充设施的财务指标，底层指标来自于财务账目，不进行多指标的综合和权重的选择。具体指标如图 7-4 所示。

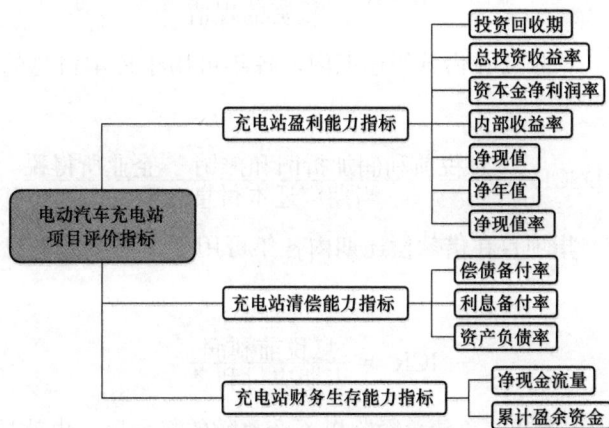

图 7-4 电动汽车充电站项目评价指标

指标含义分别解释如下：

（1）静态投资回收期。指以投资项目经营净现金流量抵偿原始总投资所需要的全部时间

$$P_t = \frac{\text{上一年累计净现金流量的绝对值}}{\text{出现正值年份的现金流量}} - 1 + n \tag{7-10}$$

式中：n 为累计净现金流量开始出现正值的年份数。

（2）总投资收益率。指达产期正常年份的年息税前利润或运营期年均息税前利润占项目总投资的百分比

$$\text{ROI} = \frac{\text{运营期内年平均税前利润}}{\text{技术方案总投资}} \times 100\% \tag{7-11}$$

（3）资本金净利润率。表示项目资本金的盈利水平

$$\text{ROE} = \frac{\text{运营期内税后年平均净利润}}{\text{项目资本金}} \times 100\% \tag{7-12}$$

（4）内部收益率。指当资金流入现值总额与资金流出现值总额相等，即净现值等于零

时的折现率。

（5）净现值。指一个项目预期实现的现金流入的现值与实施该项计划的现金支出的差额。净现值为正值的项目可以为股东创造价值，净现值为负值的项目会损害股东价值

$$\text{NPV} = \sum_{t=1}^{n} \frac{\text{投入} - \text{支出}}{(1+i)^t} \qquad (7\text{-}13)$$

式中：i 为折现率。

（6）净年值。指按给定的折现率，通过等值换算将方案计算期内各个不同时点的净现金流量分摊到计算期内各年的等额年值。

（7）净现值率。指项目净现值与原始投资现值的比率

$$\text{NPVR} = \frac{\text{NPV}}{\text{投资的现值}} \qquad (7\text{-}14)$$

（8）偿债备付率。指项目在借款偿还期内，各年可用于还本付息的资金与当期应还本付息金额的比值

$$\text{DSCR} = \frac{\text{息税前利润加折旧和摊销} - \text{企业所得税}}{\text{当期应还本付息金额}} \qquad (7\text{-}15)$$

（9）利息备付率。指项目在借款偿还期内各年可用于支付利息的息税前利润与当期应付利息费用的比值

$$\text{ICR} = \frac{\text{息税前利润}}{\text{当期应付利息}} \qquad (7\text{-}16)$$

（10）资产负债率。指期末负债总额除以资产总额的百分比，也就是负债总额与资产总额的比例关系

$$\text{资产负债率} = \frac{\text{总负债}}{\text{总资产}} \qquad (7\text{-}17)$$

（11）净现金流量。指一定时期内，现金及现金等价物的流入（收入）减去流出（支出）的余额（净收入或净支出），反映了企业本期内净增加或净减少的现金及现金等价数额。

（12）累计盈余资金

$$\text{累计盈余资金} = \text{流动资产总额} - \text{应收账款} - \text{存货} - \text{现金} \qquad (7\text{-}18)$$

2. 充电设施运营经济性评价方法

充电设施运营经济评价流程如图 7-5 所示。

（1）确定权重。本章采取层次分析法（AHP）确定上述三类指标的权重。具体步骤如下。

1）构造层次分析结构。建立层次结构模型就是把复杂的问题分解，并按元素的相互关系和隶属关系形成不同的层次，一般分为目标层、准则层、方案层三层。目标层为决策者所要达到的目标；准则层可以根据需要进一步分出子准则，是用来判断是否达到目标的准

开始

构造层次分析结构（其中准则层有m层），确定评价等级集合 $Q=\{Q_1,Q_2,\cdots,Q_n\}$

分别对准则层中每一层元素两两对比，构造判断矩阵

进行一致性检验 ——不符合

符合

得到第i层准则层$P_i=\{P_{i1},P_{i2},\cdots,P_{ik}\}$的单层次权重$A_{ij(1\times z_j)}$，其中$P_{ij}$中包含$Z_j$个元素，$k_i$随$i$变化，$i$在$[1,m]$间取值，$j$在$[1,k_i]$间取值

$j=1$

$i\neq m$

$i-1$

$i=m$

由多位专家对P_{ij}中各元素P_{ijy}按照评价等级集合中的n个等级进行评判，统计专家认为P_{ijy}为第x等级人数所占比例w_{ijyx}，其中$x=1,2,\ldots,n$

$W_{ij}=A_{(i+1)j}W_{(i+1)j}$

$j+1$

$j<k_i$

$j=k_i$且$i>1$

$j+1$

$W_{ijy}=\{w_{ijyx}\}_{(1\times n)}$
$W_{ij}=\{W_{ijy}\}_{(z_j\times n)}$

$i=1$

W_{ij}中最大数值所对应的评价等级即为该项目的评价等级

$j<k_i$

$j=k_i$ $i-1$

结束

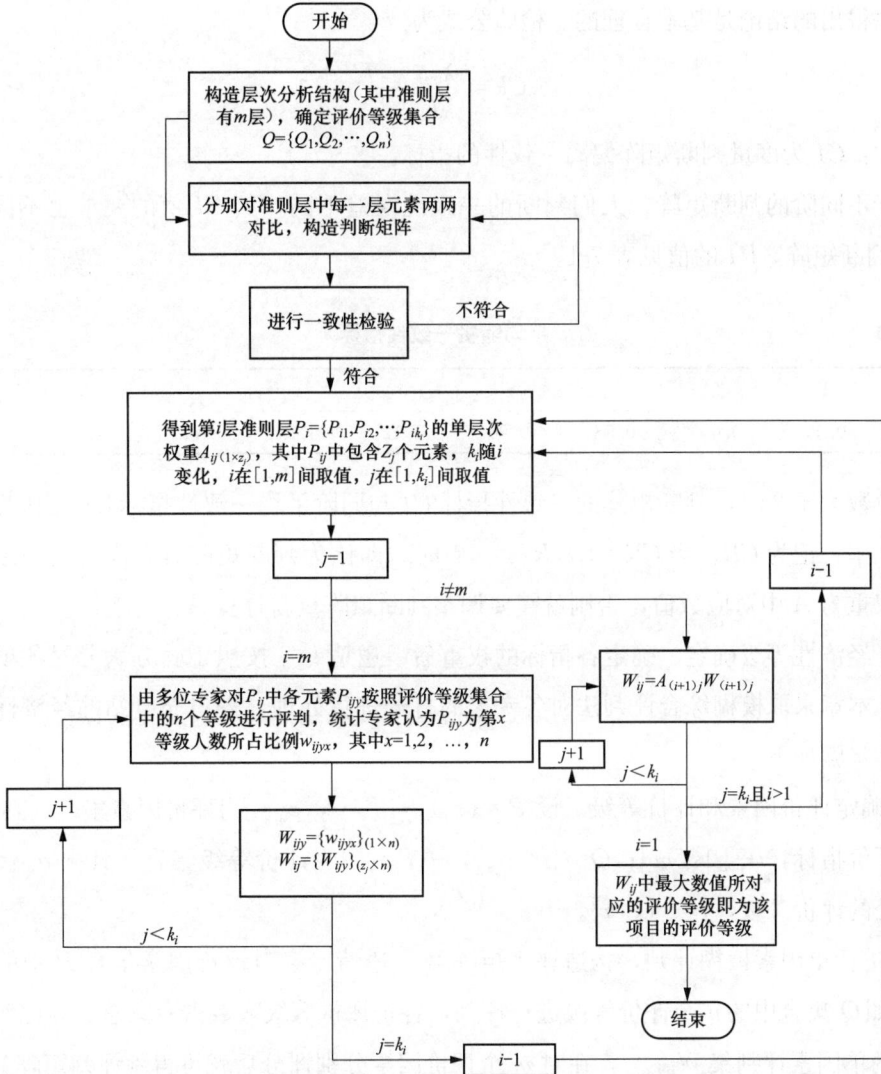

图 7-5　充电设施运营经济评价流程图

则；方案层一般是解决问题的各种方案。

2）构造判断矩阵。判断矩阵是针对上一层次的元素，对本层次的因素之间的重要性进行对比，若本层有f个评价因素则构成判断矩阵$E=(e)_{f\times f}$。一般按照$1\sim9$标度法，1代表两者同样重要，3代表前者稍微重要，5代表前者比较重要，7代表前者十分重要，9代表前者绝对重要，而其余数字代表的重要性介于各数值之间。

3）判断矩阵的一致性检验。在对各因素进行比较时，由于人们对复杂事物存在估计误差，不可能做到完全一致。为了避免误差过大，应对判断矩阵进行一致性检验。根据判断矩阵，求出最大特征值$\lambda_{\max}$及对应的特征向量$A=[a_1,a_2,\cdots,a_n]$，该特征向量即为各评价指标重要性排序，也是各指标的权重。一般认为当判断矩阵具有满意一致性时，基于层

次分析法得出的结论是基本合理的。检验公式为

$$CI = \frac{\lambda_{\max} - f}{f - 1} \tag{7-19}$$

式中：CI 为度量判断矩阵偏离一致性的指标。

对于不同阶的判断矩阵，人们判断的一致性误差不同，其 CI 值的要求也不同。对于 1～9 阶判断矩阵，RI 的值见表 7-1。

表 7-1　　　　　　　　　平均随机一致性指标

	1	2	3	4	5	6	7	8	9
RI	0.00	0.00	0.58	0.90	1.12	1.24	1.32	1.41	1.45

当阶数大于 2 时，判断矩阵的一致性指标 CI 与同阶平均一致性指标 RI 之比称为随机一致性比率，记为 CR。当 $CR = CI/RI < 0.1$ 时，即认为判断矩阵具有满意的一致性，各因素的权重为 A 中对应数值，否则就需要调整判断矩阵重新计算 A。

（2）经济性等级确定。确定各指标的权重后，邀请专家按照 100 分满分对各项指标进行打分，本章采取模糊综合评判法对各专家的打分进行处理，得出充电站的经济性等级决策。具体步骤如下。

1）确定评价因素和评价等级。设 $P = \{p_1, p_2, \cdots, p_m\}$ 为评价因素集合，其中 p_i 代表各个评价指标，$i \in [1, m]$；$Q = \{q_1, q_2, \cdots, q_n\}$ 为评价等级集合，其中 q_j 代表某一因素所处的评价等级，$j \in [1, n]$。

2）进行单因素模糊评判，构造评判矩阵 W。邀请专家对评价因素集合 P 中的各个因素 p_i 按照 Q 集合中的 n 个评价等级进行评判，各个评价等级人数占专家总数的比例构成对 p_i 因素的单因素评判集 $W_{i(1 \times n)}$，在对 m 个评价因素分别评分后就可得到评判矩阵 W

$$W = (w_{ij})_{m \times n} = \begin{bmatrix} W_1 \\ W_2 \\ \vdots \\ W_m \end{bmatrix} \tag{7-20}$$

其中 w_{ij} 表示因素 p_i 能被评为 q_j 等级的隶属度。

3）进行模糊合成，得到综合评判向量 B。由于各个因素对于整体的重要程度不同，故应赋予不同的权重。本章以层次分析法所得的单因素权重 A 为准，根据模糊逻辑理论，把次准则层对主准则层评判看成一级评判，把主准则层对目标层的评判看成二级评判运用模糊矩阵合成运算 $B' = (b_k)_{1 \times n} = W$。若 $\sum b_k = 1$，则综合评判向量 $B = B'$；若 $\sum b_k \neq 1$，则进行归一化运算，综合评判向量为 $B = \frac{B'}{\sum b_k}$。按照最大隶属度原则，B 中最大值对应的评价

等级即为该评判对象的等级。

7.2.2 EVA 评价指标

价值投资的核心是以合理的价格投资创造价值，投资者不仅希望资金回本，还希望能够获得更多的剩余价值，可以说剩余越大创造的价值就越多。投资资本（TC）和息前税后营业利润（NOPAT）分别从企业整体角度衡量了管理层所运用的总资本以及资本所创造出的净收益，而只有扣除资金成本后的投资收益才能说明本次投资真正的收益水平。按照上述逻辑组合这些概念，得到的是当前企业价值评估领域常用的"经济增加值"概念，即EVA（Economic Value Added）。

EVA 是一个计算值，不存在评价方法和权重的选取。最底层的数据来源于成本、利润、税金等，是从考虑资本成本的角度对电动汽车快充设施运营经济性进行评价。计算EVA 需要的指标如图 7-6 所示。

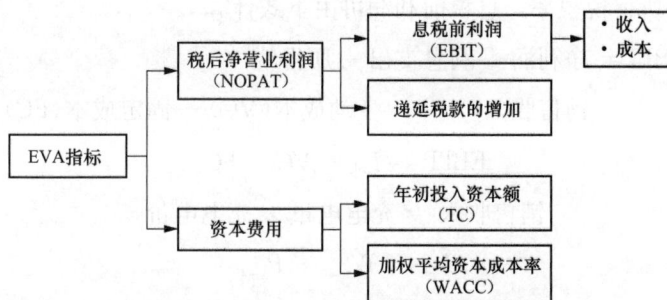

图 7-6　EVA 指标

1990 年由特恩·斯图尔特咨询公司首次提出 EVA 概念。该指标全面考虑了企业的资本成本，同时从企业价值增值这一根本目的出发，准确地评价企业业绩。资本获得的收益至少要能补偿投资者承担的风险。EVA 指标考虑了股权资金的机会成本，比单纯的会计利润指标更好地体现了企业的经营业绩。

根据《国务院国有资产监督管理委员会令（第 30 号）》《中央企业负责人经营业绩考核暂行办法》给出了 EVA 的一般计算公式

$$EVA = NOPAT - TC \times WACC \tag{7-21}$$

式中　NOPAT——税后净营业利润；

　　　　TC——年初投入资本额；

　　　　WACC——加权平均资本成本率，也即折现率。

上述公式显示了企业扣除所有经营性成本和投资者资金成本之后的净剩余，反映了企业当年经营绩效对企业价值的真正影响。同时，EVA 也可以反映经济收益。

EVA 的符号说明了当年经营绩效对价值影响的方向，EVA 指标的具体数额则反映了上述影响的具体程度。如果 EVA 指标值为正，说明企业当年在创造价值，反之则说明企业在失去价值，等于 0 则说明企业的价值没有任何变化。由于经济增加值是绝对数指标，其缺点之一是不具有比较不同规模公司业绩的能力，同时，处于成长阶段的公司 EVA 较少，而处于衰退阶段的公司 EVA 可能较高。

（1）计算税后净营业利润（NOPAT）。NOPAT 的计算以净利润为起点，通过调整相关会计科目使其符合 EVA 的计算要求，在实践中，计算 EVA 时应调整的具体项目主要包括研发费用、利息费用、各种准备金、递延税款和资本总额。这种调整可以消除会计稳健主义对业绩的影响；减少管理当局进行盈余管理的机会；减少会计计量误差影响。具体计算如下

$$\text{NOPAT} = 净利润 + (利息支出 + 研究开发费用调整项) \times (1 - 25\%)$$

$$= 息税前利润(\text{EBIT}) \times (1 - 25\%) + 递延税款的增加$$

式中：25% 是所得税税率，息税前利润可由下式计算

$$\text{EBIT} = 净利润 + 利息支出 + 所得税$$

$$= 销售收入(I_{sale}) - 变动成本(\text{VC}) - 固定成本(\text{FC})$$

$$\text{EBIT} = I_{sale} - VC - FC \tag{7-22}$$

$$销售收入 = 充电电量 \times 充电电价$$

$$I_{sale} = W_{char} \times P_{char} \tag{7-23}$$

式中：W_{char} 为充电电量；P_{char} 为充电电价。

$$成本 = 基础设施建设成本 + 运营成本 + 配电设施成本 + 购电电费 +$$

$$充电损耗 + 折旧(充电设施折旧、配电设施折旧)$$

$$C = W_{use} \times P_{use} + C_{waste} + \sum C + \sum D \tag{7-24}$$

式中：W_{use} 为用电量；P_{use} 为用电电价；C_{waste} 为充电损耗；$\sum C$ 为其余各项成本总和；$\sum D$ 为各项折旧总和。

其中，非经常性收益在税后净营业利润中全额扣除。利息支出是指企业财务报表中"财务费用"项下的"利息支出"。研究开发费用调整项是指企业财务报表中"管理费用"项下的"研究与开发费"和当期确认为无形资产的研究开发支出。

（2）计算资本总额（TC）。资本总额（TC）是所有投资者对公司投入的全部资金所形成的账面价值。主要是在债务资本和权益资本的基础上，对报表中部分科目做相应的调整，具体计算公式为

$$\text{TC} = D + E + M \tag{7-25}$$

式中：D 为债务资本；E 为权益资本；M 为资本调整额。

7.2.3 评价方法

层次分析法（Analytic Hierarchy Process，AHP）是将与决策总是有关的元素分解成目标、准则、方案等层次，在此基础之上进行定性和定量分析的决策方法。在对复杂问题的本质、影响因素及其内在关系等进行深入分析的基础上，利用较少的定量信息使决策的思维过程数学化，适合于对决策结果难于直接准确计量的场合。决策问题按总目标、各层子目标、评价准则直至具体的备投方案的顺序分解为不同的层次结构，然后用求解判断矩阵特征向量的办法，求得每一层次的各元素对上一层次某元素的优先权重，最后再用加权和的方法递阶归并各备择方案对总目标的最终权重，此最终权重最大者即为最优方案。

层次分析法的用法是通过构造判断矩阵，求出其最大特征值及其所对应的特征向量 W，归一化后，即为某一层次指标对上一层次某相关指标的相对重要性权值。

模糊综合评价法是一种基于模糊数学的综合评价方法。该综合评价法根据模糊数学的隶属度理论把定性评价转化为定量评价，即用模糊数学对受到多种因素制约的事物或对象做出一个总体的评价。它具有结果清晰，系统性强的特点，能较好地解决模糊的、难以量化的问题，适合各种非确定性问题的解决。

本章将运用层次分析法构建层次模型，依据模糊综合评价方法来确定各指标的评分值。

利用层次分析法，构建层次结构模型如图 7-7 所示。

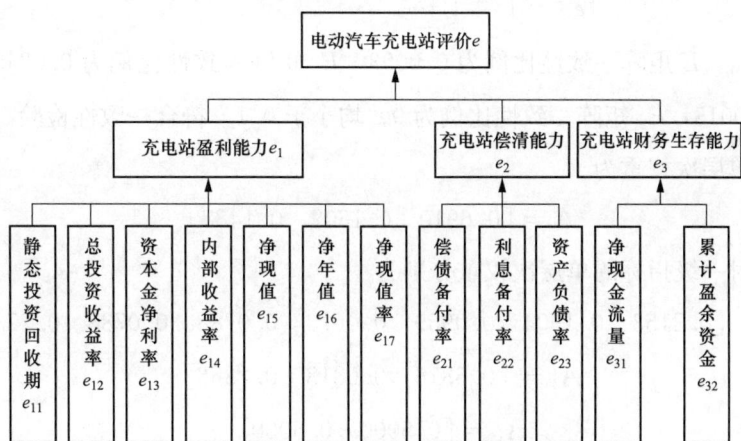

图 7-7　电动汽车充电站 AHP 层次结构模型

通过调研多位专家意见，确定 E、E_1、E_2、E_3 矩阵如下：

$$E = \begin{bmatrix} e & e_1 & e_2 & e_3 \\ e_1 & 1 & 4 & 5 \\ e_2 & 0.25 & 1 & 1 \\ e_3 & 0.2 & 1 & 1 \end{bmatrix}$$

$$E_1 = \begin{bmatrix} e_1 & e_{11} & e_{12} & e_{13} & e_{14} & e_{15} & e_{16} & e_{17} \\ e_{11} & 1 & 2 & 2 & 3 & 2 & 2 & 1 \\ e_{12} & 1/2 & 1 & 3 & 3 & 3 & 3 & 1/2 \\ e_{13} & 1/2 & 1/3 & 1 & 2 & 1 & 1 & 1/2 \\ e_{14} & 1/3 & 1/3 & 1/2 & 1 & 1 & 1 & 1/4 \\ e_{15} & 1/2 & 1/3 & 1 & 1 & 1 & 1 & 1/4 \\ e_{16} & 1/2 & 1/3 & 1 & 1 & 1 & 1 & 1/4 \\ e_{17} & 1 & 2 & 2 & 4 & 4 & 4 & 1 \end{bmatrix}$$

$$E_2 = \begin{bmatrix} e_2 & e_{21} & e_{22} & e_{23} \\ e_{21} & 1 & 8 & 3 \\ e_{22} & 1/8 & 1 & 1/3 \\ e_{23} & 1/3 & 3 & 1 \end{bmatrix}$$

$$E_3 = \begin{bmatrix} e_3 & e_{31} & e_{32} \\ e_{31} & 1 & 1 \\ e_{32} & 1 & 1 \end{bmatrix}$$

通过计算后，E 矩阵一致性比例为 0.0053，E_1 矩阵一致性比例为 0.0245，E_2 矩阵一致性比例为 0.0015，E_3 矩阵一致性比例为 0，均小于 0.1，符合一致性检验。

一级指标单层次权重为

$$A = \begin{bmatrix} 0.6910 & 0.1602 & 0.1488 \end{bmatrix}$$

二级指标对一级指标的单层次权重分别为

$$A_1 = \begin{bmatrix} 0.2153 & 0.1904 & 0.0959 & 0.0673 & 0.0788 & 0.0788 & 0.2735 \end{bmatrix}$$

$$A_2 = \begin{bmatrix} 0.6816 & 0.0818 & 0.2366 \end{bmatrix}$$

$$A_3 = \begin{bmatrix} 0.5000 & 0.5000 \end{bmatrix}$$

二级指标对总目标的权重分别为

$$\widetilde{A_1} = 0.6910 \times A_1 = \begin{bmatrix} 0.1488 & 0.1316 & 0.0663 & 0.0465 & 0.0544 & 0.0544 & 0.1890 \end{bmatrix}$$

$$\widetilde{A_2} = 0.1602 \times A_2 = \begin{bmatrix} 0.1092 & 0.0131 & 0.0379 \end{bmatrix}$$

$$\widetilde{A_3} = 0.1602 \times A_3 = \begin{bmatrix} 0.0744 & 0.0744 \end{bmatrix}$$

7.2.4 算例

假设某中型充电站基本设施投资 350 万元，配套设施投资 80 万元，征地费用 30 万元，共有 4 台快速充电机和 16 台交流充电桩，设计运营年限为 20 年，每年运营成本 40 万元（其中员工费用 20 万元，设备折旧 10 万元，维修费用 10 万元），年运营收入 63 万元，每年收入以 6% 递增，年支出均以 5% 递增，所得税为 25%，折现率 7%，项目资金 60% 为自有资本，负债利率 4.90%。

通过计算，静态投资回收期为 15.84 年，总投资收益率为 7.55%，资本金净利润率 5.66%，内部收益率 3.78%，累计盈余资金≥0，整理数据见表 7-2。

表 7-2   某中型充电站主要财务数据

	一级指标	二级指标
电动汽车充电站评价	充电站盈利能力指标	静态投资回收期 15.84 年
		资本金净利润率 5.66%
		内部收益率 3.78%
		净现值 92.82 万元
		净年值 15.03 万元
		净现值率 20.18%
		总投资收益率 7.55%
	充电站清偿能力指标	偿债备付率如下
		利息备付率如下
		资产负债率 40%
	充电站财务生存能力指标	净现金流量如下
		累计盈余资金≥0

偿债备付率

年份	1	2	3	4	5	6	7	8	9	10
	1.50	1.54	1.59	1.65	1.70	1.76	1.82	1.88	1.95	2.02
年份	11	12	13	14	15	16	17	18	19	20
	2.09	2.17	2.25	2.33	2.42	2.52	2.62	2.72	2.83	2.94

利息备付率

年份	1	2	3	4	5	6	7	8	9	10
	2.55	2.68	2.81	2.95	3.10	3.26	3.42	3.59	3.77	3.96
年份	11	12	13	14	15	16	17	18	19	20
	4.16	4.36	4.58	4.81	5.05	5.30	5.57	5.85	6.14	6.45

净现金流量

年份	1	2	3	4	5	6	7	8	9	10
	23.0	24.15	25.36	26.63	27.96	29.35	30.82	32.36	33.98	35.68
年份	11	12	13	14	15	16	17	18	19	20
	37.46	39.34	41.30	43.37	45.54	47.82	50.21	52.72	55.35	58.12

从表 7-2 我们初步可以得出以下判断：一是内部收益率为 3.78%，并不高，只稍大于银行贴现率，这与充电设施目前处于示范阶段有关；二是偿债备付率、利息备付率都比较高，偿债能力较好；累计盈余资金均大于 0 或等于 0，可持续能力较好。

（1）经济性等级确定。请专家根据该充电站的上述 3 个一级指标，12 个二级指标，按照经济性优、良、中、差四个评价等级进行评判。

根据专家评判，对二级指标得到的模糊判断矩阵如下

$$B_1 = \begin{bmatrix} e_{11} & 0.2 & 0.5 & 0.3 & 0 \\ e_{12} & 0.1 & 0.6 & 0.2 & 0.1 \\ e_{13} & 0.15 & 0.45 & 0.2 & 0.2 \\ e_{14} & 0.05 & 0.6 & 0.3 & 0.05 \\ e_{15} & 0.1 & 0.55 & 0.2 & 0.15 \\ e_{16} & 0.25 & 0.65 & 0.1 & 0 \\ e_{17} & 0.2 & 0.45 & 0.25 & 0.1 \end{bmatrix}$$

$$B_2 = \begin{bmatrix} e_{21} & 0.2 & 0.6 & 0.15 & 0.05 \\ e_{22} & 0.05 & 0.6 & 0.2 & 0.1 \\ e_{23} & 0.1 & 0.65 & 0.25 & 0 \end{bmatrix}$$

$$B_3 = \begin{bmatrix} e_{31} & 0.35 & 0.45 & 0.15 & 0.05 \\ e_{32} & 0.4 & 0.35 & 0.25 & 0 \end{bmatrix}$$

$$\widetilde{B_1} = A_1 B_1 = \begin{bmatrix} 0.1621 & 0.5231 & 0.2341 & 0.0808 \end{bmatrix}$$

$$\widetilde{B_2} = A_2 B_2 = \begin{bmatrix} 0.1641 & 0.6118 & 0.1778 & 0.0423 \end{bmatrix}$$

$$\widetilde{B_3} = A_3 B_3 = \begin{bmatrix} 0.3750 & 0.4000 & 0.2000 & 0.0250 \end{bmatrix}$$

$$B' = \begin{bmatrix} \widetilde{B_1} & \widetilde{B_2} & \widetilde{B_3} \end{bmatrix}^T$$

为一级指标的模糊判断矩阵为

$$\widetilde{B}' = (\widetilde{b})_{1 \times 4} = AB' = \begin{bmatrix} 0.1941 & 0.5190 & 0.2200 & 0.0663 \end{bmatrix}$$

$$B = \frac{\widetilde{B}'}{\sum \widetilde{b}} = \begin{bmatrix} 0.1942 & 0.5194 & 0.2201 & 0.0663 \end{bmatrix}$$

归一化后得到综合判断向量 B，此向量表示用以上方法计算后此充电站的评价结果向量。向量的四个元素分别表示优、良、中、差四个等级的评判值。本章将选取最大隶属度原则来决定充电站最后的评价结果，即选取最高评判值对应的评价等级为评价结果。本例中，最大评判值为"良"对应的 0.5194，因此，该充电站最后的经济性评价结果为良。

评价结果为"良"与前文中的初步判断基本契合，说明本章提出的充电站经济性评价

指标具有实际意义。

（2）EVA 指标。目前央企的加权平均资本成本率一般为 5.5%，该充电站按央企的加权资本成本率计算

$$WACC = 5.5\%$$

充电站基本设施投资 350 万元，配套设施投资 80 万元，征地费用 30 万元，年运营成本 40 万元

$$TC = 350 + 80 + 30 + 40 = 500（万元）$$

第一年 EVA 指标计算：

年运营收入 63 万元。年运营成本 40 万元（其中员工费用 20 万元，设备折旧费用 10 万元，维修费用 10 万）

$$EBIT = 63 - 40 = 23（万元）$$

$$NOPAT = EBIT \times (1 - 25\%) = 17.25（万元）$$

$$EVA = NOPAT - TC \times WACC = 17.25 - 500 \times 5.5\% = -10.25（万元）$$

继续计算第二年到第十五年 EVA 指标，得到结果见表 7-3。

表 7-3　　　　　　　　　　　　　充电站 EVA 计算结果　　　　　　　　　　　　单位：万元

	年运营收入	年运营成本	营业利润（EBIT）	税后营业利润（NOPAT）	EVA	净现值计算
第一年	63.00	40.00	23.00	17.25	−10.25	−437.00
第二年	66.15	42.00	24.15	18.11	−9.50	−412.85
第三年	69.46	44.10	25.36	19.02	−8.71	−387.49
第四年	72.93	46.31	26.63	19.97	−7.88	−360.87
第五年	76.58	48.62	27.96	20.97	−7.01	−332.91
第六年	80.41	51.05	29.35	22.02	−6.09	−303.56
第七年	84.43	53.60	30.82	23.12	−5.13	−272.73
第八年	88.65	56.28	32.36	24.27	−4.12	−240.37
第九年	93.08	59.10	33.98	25.49	−3.06	−206.39
第十年	97.73	62.05	35.68	26.76	−1.95	−170.71
第十一年	102.62	65.16	37.46	28.10	−0.79	−133.24
第十二年	107.75	68.41	39.34	29.50	0.44	−93.91
第十三年	113.14	71.83	41.30	30.98	1.73	−52.60
第十四年	118.80	75.43	43.37	32.53	3.08	−9.23
第十五年	124.74	79.20	45.54	34.15	4.50	36.31

由表 7-3 可知，在 11 年里 EVA 为负，说明经济利润不能补偿投资的资本成本从第十二年开始 EVA 为正，此时，充电站预期收益高于投资的资本成本，此时充电站开始创造经济价值。

值得注意的是，EVA 度量的是"资本利润"，而不是通常的"会计利润"。如图 7-8 所

示，税后营业利润为正，高于 EVA。有利润的企业不一定有价值，有价值的企业一定有利润。EVA 从出资人角度出发，度量资本在一段时期内的净收益。只有净收益高于资本的社会平均收益，资本才能"增值"，因而符合价值管理的财务目标。

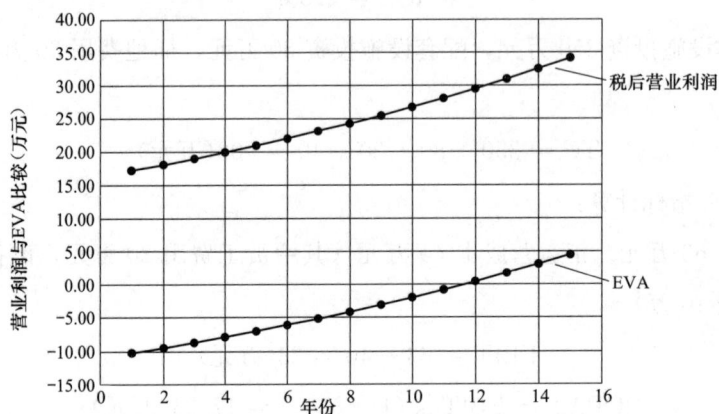

图 7-8　税后营业利润与 EVA

8

电动汽车快充设施项目盈亏平衡与敏感性分析

8.1 影响电动汽车快充设施收益的内部因素

内部因素包括电动汽车快充设施投融资方式、充电站规模方案、工程方案、管理方案、站点选择、总体布局等（见图8-1）。分析内部因素对电动汽车快充设施的影响，即分析充电站规模方案、投融资模式、总体布局等对充电站投入构成项目的影响、收入构成项目的影响，进而得到对充电站经济效益的影响。

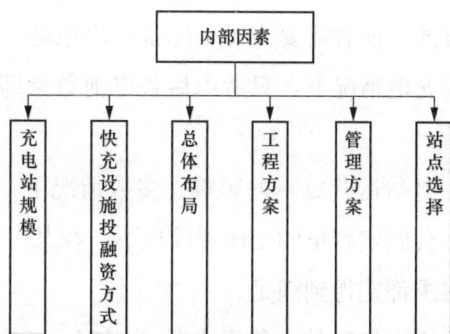

图 8-1 影响电动汽车快充设施收益的内部因素图

8.1.1 充电站规模对收益的影响分析

充电站的规模主要由以下几个因素决定，如图8-2所示。

（1）变压器台数。变压器台数的选择应满足负荷对可靠性的要求。充电站为电动汽车提供电能作为动力源，若配电站的电力负荷级别确定为2级，采用双路供电但不配置后备电源，则选用2台变压器。若充电机（站）非常普遍，则只需1台变压器即可，充电站供电可靠性的降低由充电机（站）数量来弥补。若小区建充电机（站），可考虑利用小区配电变压器而不需另设变压器，以减少投资。

（2）充电机选择。充电车辆类型、行驶里程要求和充电站运营模式决定了充电机的配

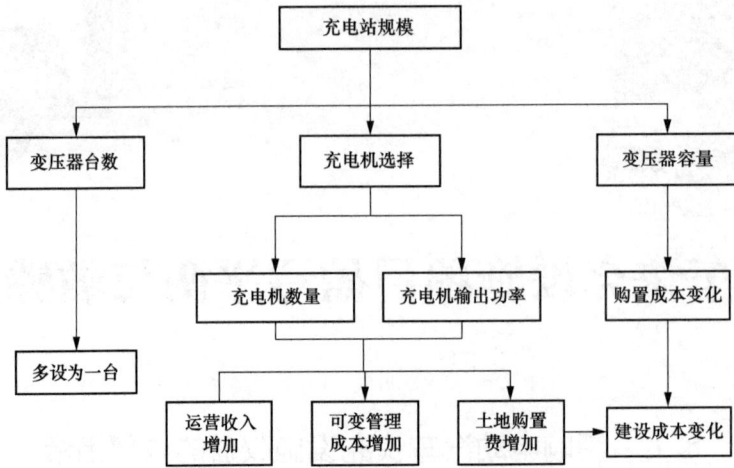

图 8-2　充电站规模对收益的影响

置。充电机的选择应确定充电机的输出功率和需配备的台数。

（3）变压器容量。配电系统的容量应包括动力用电、监控和办公用电等。变压器的容量应能满足全部用电设备的计算负荷，并应留有一定的容量裕度。

充电的车辆数量、电池容量、电池数量以及运营方式决定了充电站的容量。充电站有整车充电方式和更换电池方式。前者需要为每车配备一组电池，后者需要根据实际需要确定后备电池的数量。而快速充电情况下，只考虑后备电池数量即可。以下的分析中，暂且不考虑后备电池问题。

（1）充电机的选择对充电站运营成本的影响。多数情况下，1 个充电站只需 1 台变压器，因此假设充电站只设一台固定容量的变压器前提下，在某一固定时间段 $[0，T]$ 内所有待充电电动汽车的充电需求都能得到满足。

假设所有电动汽车到达充电站时的电能需求量 v 固定，充电机充电功率恒定为 η，则电动汽车的充电耗时恒为 $\frac{v}{\eta}$。电动汽车在 t 时刻到达充电站的充电站耗时为 $\tau(t)$，主要受充电站内充电机台数 g 和待充电电动汽车量 $x_{(t)}$ 的影响。

当 $x_{(t)} \leqslant g$ 时，$\tau(t) = \frac{v}{\eta}$；

当 $x_{(t)} > g$ 时，充电站内会形成充电队列，此时电动汽车的最大充电站耗时为

$$\tau(t) = \left[\frac{x_{(t)}}{g}\right] \cdot \frac{v}{\eta} + \frac{v}{\eta} \tag{8-1}$$

式中：$[\cdot]$ 表示向上取整数；等号右边第 1 项表示待充电电动汽车的排队耗时；第 2 项为实际充电耗时。

在 t 时刻，因电动汽车充电导致的充电站对电网的负荷需求可表示为

$$Q(t) = \begin{cases} x_{(t)} \cdot \eta & x_{(t)} \leqslant g \\ g \cdot \eta & x_{(t)} > g \end{cases} \tag{8-2}$$

式中：$Q(t)$ 为在 t 时刻，充电站因电动汽车充电对电网的负荷需求。

当电动汽车数量小于充电机数量时，充电站对电网的负荷需求等于工作充电机数量与充电功率的乘积；反之，则充电站对电网负荷需求等于全部充电机同时工作时的功率需求。以此可推知 $[0,T]$ 时段，电动汽车总电能需求 D 为

$$D = \int_0^T Q(t)\,dt \tag{8-3}$$

电动汽车充电站规模的设定直接影响到充电站在 $[0,T]$ 时段内的可变管理成本（充电站内员工的工资、充电站从所在地电网公司购电的成本等），该部分成本可表示为

$$C_{sv} = \int_0^T c_{sv} Q(t)\,dt \tag{8-4}$$

式中：C_{sv} 为充电站在 $[0,T]$ 时段内的可变成本；c_{sv} 为充电负荷导致的平均成本，即充电公司向电网公司支付的购电电价、充电负荷造成的电网治理成本和充电站其他管理成本之和。

根据以上分析可以得出如图 8-3 所示的逻辑图，充电站设置的充电机数量的变化会影响到电动汽车到达该充电站时是否需要排队等候充电，从而影响到充电站因电动汽车充电引起的对电网的负荷需求。根据式（3-4）可知，由于对电网负荷需求的变化，会导致充电公司向电网公司支付的购电费用发生改变，如果某一时刻充电机的数目小于到该充电站充电的电动汽车数目，则会导致电网负荷增加，从而增加充电站的运营成本。

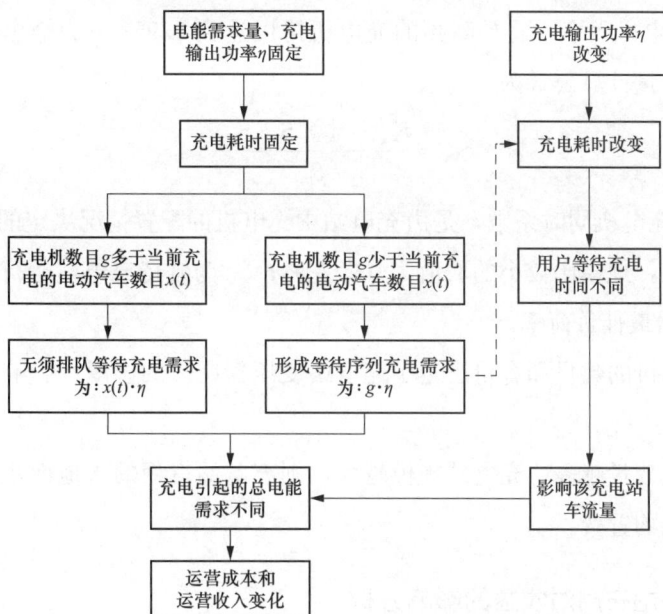

图 8-3 充电机选择对收益的影响

以上分析是在假设充电机功率 η 恒定的基础上进行的，实际上不同充电机的充电功率 η 也不同，选择不同的充电功率的充电机，会导致充电时间改变。选择充电功率 η 的充电机，虽然会增加充电站的建设成本，但同一时间内需要充电的电动汽车数目比充电机多的情况下，用户所需等待时间会减少，可能带动更多的用户选择该充电站进行充电，从而增加充电站的车流量。车流量增加，在 t 时刻充电站因电动汽车充电引起的对电网的负荷需求 $Q(t)$ 增加。根据式（8-4）可知，$Q(t)$ 增加，则充电站在 $[0, T]$ 时段内的可变管理成本 C_{sv} 也会增加，但是车流量越多，由于充电站盈利的性质，则给充电站带来的运营收入也会越多。

充电机的数量和充电功率的大小都会对充电站的收益产生一定的影响，因此充电站应该在保证盈利的基础上选择最合理的规模。

（2）充电机的选择对充电站建设成本的影响。充电机的数量以及充电功率的大小也对该充电站变压器的容量产生直接影响，从而影响充电站基础设施建设成本。

变压器容量 S_N 的选择受到很多因素的影响，主要由电动汽车充电站内充电机数量 N、充电机的容量 S、充电机同时系数 K_x、功率因数 $\cos\varphi$ 以及变压器最佳负荷率 β_m 决定的。电动汽车充电站一般都配置动态无功补偿装置和滤波装置，这些装置用来补偿充电站无功功率，保证功率因数能够达到电网的要求，同时滤除电动汽车充电产生的高次谐波，防止其对电网的电能质量产生不良影响，充电机容量的计算公式为

$$S = \frac{\eta}{\cos\varphi \cdot \delta} \tag{8-5}$$

式中：δ 为充电机效率，通常高频的充电机可以达到 0.95；η 为输出有功功率。则由上可知，变压器容量计算公式为

$$S_N = \frac{K_x \cdot (\sum S + S_g)}{\beta_m} \tag{8-6}$$

式中：K_x 为充电机同时系数，是由充电站中充电机的配置情况决定的，一般大型充电站取值为 0.9 左右，规模比较小的取值为 0.5 左右；S_g 为维持充电站运行的其他设备所需负荷；β_m 为变压器最佳负荷率。

充电站中充电机的数目和容量决定了充电站变压器所需的容量，影响充电站变压器的购置成本 C_t。

此外，充电机数量越多，充电站规模越大，则充电站占用的土地面积越大，也会增加建设成本中的土地购置费。

8.1.2 充电站布局对收益的影响分析

在上述分析中，假设所有电动汽车到达充电站时的电能需求量 v 是固定的，而实际上

不同的电动汽车到达充电站时其所需的电能是不同的,电能需求量会受到电动汽车用户的习惯以及充电站布局的影响。

(1) 充电站布局对车流量的影响。充电站布局需要考虑的一个重要因素是用户的便利性,其是指用户前往充电站充电的方便程度,主要与充电站的服务半径和路网结构有关。在满足用户充电需求的条件下,选择便利性高的地点建站会使规划更加合理。充电站的布局与用户的便利性是息息相关的,其是否合理布局会影响到用户对该充电站的偏好程度,从而影响充电站的车流量,进而影响充电站的经济收益。

充电站布局最优意味着用户的便利性达到最佳,用户的便利性以用户在充电站的等待时间和用户到充电站的路程耗时均最短为目标。排除交通拥堵和道路维修等不确定因素的影响,用户的充电行驶耗时与路程对应,行驶的路程越长,则路上耗时越长。因此,可以将用户到充电站充电的行驶距离以用户的充电行驶成本表示,以此来衡量用户便利性(充电站布局的合理性)。

用户的充电行驶成本

$$C_{xs} = \alpha\beta r\omega \sum_{i \in I} D_i \tag{8-7}$$

式中:α 为道路曲折系数;β 为道路畅通系数;r 为平均每辆车的充电次数;ω 为距离对电价的折算系数;D_i 为第 i 辆电动汽车到该充电站的直线距离;I 为到充电站充电的电动汽车集合。

由式(8-7)可以看出,道路的曲折系数、道路畅通系数、到电动汽车到该充电站的距离会影响充电行驶成本,充电站的布局改变,则用户的充电行驶成本会变化,成本越高则到该充电站充电的电动汽车越少,即车流量越小。根据充电站充电收入公式(2-6)可知,充电站的充电收入即会减少,从而导致充电站的经济收益降低。因此,充电站的合理布局会对充电站的收益产生直接的影响。

(2) 充电站布局建设成本的影响。建设一个充电站还应考虑其到最近的变电站的线路投资,充电站的布局会影响到该充电站的建设成本。

用 C_{xl} 表示新建的充电站到其距离最近的变电站之间的线路投资,其公式为

$$C_{xl} = \frac{r_0 (1 + r_0)^m}{(1 + r_0)^m - 1} \cdot \mu \cdot l \tag{8-8}$$

式中:r_0 为投资回收率;m 为电池充电站的运行年限;μ 为单位长度双回线路的投资费用;l 为充电站到距离最近的变电站的线路长度。

由式(8-8)可以发现,随着充电站到变电站之间的距离增加,所需投资的线路长度增加,充电站投资与到变电站的线路长度呈正比。因此,充电站的布局对充电站的建设成本具有一定影响,也影响充电站的收益。

8.1.3 充电站运营商业模式对收益的影响

目前阻碍我国消费者购买电动汽车意愿的关键原因是我国电动汽车充电不够方便，同时我国存在已建成的充电设施利用率低的现象，这两点很大程度上降低了充电站的经济性。解决上述问题的重要途径，就是发展合理的商业运营模式。下面通过德国和我国充电设施的商业运营模式对比来说明合理的商业运营模式对充电站收益的影响。

1. 分时租赁模式

分时租赁是指以小时计算，提供汽车随取即用的租赁服务。相比寻常租车的"日租"形式，分时租赁更适合用来满足城市内部的短途出行需求。通过把一辆汽车在不同时间段分配给不同用户使用的方式，鼓励短时用车、衔接式用车，从而有效减少用户对中心城区车位的需求。在这种模式下，快充设施可以通过设置租赁站点来提供用户租还电动汽车的服务。

这种租赁模式起源于德国的汽车分享模式。德国电动汽车的发展很大程度上依赖于汽车分享模式，即街道上停满各种可供用户开走的电动汽车，已经登记的会员可以随时通过刷信用卡来开走电动汽车。这种租车方式按分钟计费，并且运营商会提供各种价目组合供用户选择。由于这种租车方式价格便宜并且提供了很大的便利性，所以德国很多汽车公司在这种租车方式的启发下都选择这种方式来投放电动汽车并作为市场营销手段。

电动汽车分时租赁具有多种优点：一是方便快捷，二是节约成本，三是绿色环保。因此，北京、上海、杭州等多个城市已经开展了电动汽车分时租赁业务。天津市已经计划在天津滨海新区建设满足 2000 辆电动汽车租赁连锁运营所需的充电桩等基础网络设施，实现分时租赁新商业模式的规模化运营。

电动汽车在租赁期间需要充电的，租赁者可以直接开至充电站等具有充电能力的站点进行免费充电或在有公共充电桩的地方充电。但由于目前大部分租赁站点只提供慢充服务，因此充电汽车从空电至充满电需要 6～8h，并且不允许异地还车。但是随着充电站的建设逐步完成，可以实现电动汽车在充电站快速充电和异地还车，用来租赁的电动汽车充电耗时只需很短的时间，不会占用充电站太久。同时充电站还可以用来异地租还，从其他站点租赁的电动汽车均可以到充电站进行还车，归还的电动汽车在充电站充满电后由租赁公司的员工再开往各个站点。

电动汽车的分时租赁能够带动电动汽车产业的发展，将充电站作为分时租赁的站点，有助于提高充电站的利用率，给充电站带来一定的收益。

2. 互联网＋模式

德国一家智慧交通解决方案公司推出一个产品叫作"充电直通车"，即将充电桩和寻常的停车自动收费机合二为一，并且在设备上配备各种付费方式：RFID 芯片，SMS 短信扣费，QR 二维码扫描付费等。它还具有联网功能，能够采集处理充电车辆的数据。由于这种产品的外观和常见的停车收费终端几乎一模一样，且价格合理，因此深受德国各地充电站的欢迎，甚至被很多企业采购。

目前我国很多运营商已经逐步开始推广电动汽车充电 App，通过整合全国所有自营、合营的中小充电桩运营群体，为其提供统一支付、交易管理和运营维护的服务。此款 App 的主要功能是扫码充电（目前只针对于该运营商自营充电桩）和桩群搜索。对于扫码充电，用户可以当场进行，也可以记下充电二维码下的充电桩编号到有 WiFi 的环境下支付，还可以把编号发给朋友代为支付。

此外，在此 App 桩群列表中可以看到该城市的充电桩分布、自营或非自营、直流电或交流电、空闲或故障等信息。用户在某些充电 App 注册后，还有机会通过分享信息等方式获得系统赠送的虚拟币，充电时可以使用虚拟币支付，也可以通过支付宝、银联或微信支付等方式进行支付。

3. 合资组建模式

合资组建模式是德国充电站采用的主流商业运营模式之一。这种模式具有很大的便利性，能够在很大程度上促进德国快充设施的迅速发展，提高充电站的收益。在德国的汽车分享模式下，采用合资组建运营模式的例子很多，其中一个典型的例子就是 Drive Now 公司的案例，Drive Now 公司是由宝马公司和另一家著名的租车公司 SIXT 合资组建的。在这种模式下，宝马提供丰富的车型和良好的电动汽车驾驶体验，SIXT 则负责利用多年租车的经验来设计服务体系和市场公关。通过实施合资模式，两家公司可以利用各自强大的业界影响力在充电站建设和收费上与电网公司取得合作。

合资组建模式对于我国充电站的发展具有重要的启发意义，该模式说明充电站的运营成功需要多种资源来支撑，除了与电动汽车相关的资源外，还需要服务体系等其他资源的加入，这能大大提高充电站的经济性。合资组建模式可以同时利用不同企业各自的优势，灵活机动地刺激客户需求并提供更多的辅助服务，是快充设施在初始发展阶段中非常重要的一种商业合作模式。

由于充电时间不像燃油车加油时间那么短，我国在充电站运营过程中，充电站除了提供电能外还可以通过与不同企业合作，提供 WiFi、地图、广告显示和失物招领等多种服务。甚至可以与物流公司合作，将充电站作为物流收发室，用户可以选择让快递公司将物品送到充电站，充电站工作人员可以提供服务，直接将物品送到用户的车上。除此之外，充电站运营商还可以与餐饮业结合，在充电站处开设快餐店，用户可以在电动汽车充电期间用餐，充分利用时间。

4. 公私合作模式

公私合作模式即 PPP（Public-Private-Partnership）模式，是指公共合作伙伴方与私营合作伙伴方基于某个项目而形成的相互合作的关系模式，目的是通过合作使各方达到与单独行动相比更为有利的结果。

目前北京、天津等地纷纷采用了 PPP 模式来实施充电站项目，2014 年 12 月天津市的新能源汽车公共充电设施网络建设被确定为"政府和社会资本合作模式（PPP）国家示范项目"，这一项目将很大程度上带动社会资本参与项目建设及运营，加快新能源汽车推广应用。

采用 PPP 融资模式对于快充充电设施的建设具有以下好处：

（1）减少公共支出。电动汽车充电站的需求量是逐年增加的，而目前公共充电设施的建设大多是由政府财政支出，需要提前做财政预算，调节空间不大。在 PPP 模式下，通过市场参与，财政预算可以变得更加灵活。目前用户通过快充设施进行充电需要支付两笔费用：电费和服务费。若采用 PPP 模式建设充电桩，服务费就可由运营企业来收取。而由于电动汽车庞大的市场，可以预见运营企业愿意支付建设费用来支持充电站的建设，从而可以更大程度地从中谋取利益。通过这种方式，政府可以省下对公共设施的大量财政支出。

（2）打通支付方式。如果由政府机构自己组织建设快充设施不仅需要投入大量时间，而且由于其自身专业化程度有限，实际操作会遇到不少困难。其中，尤为难以解决的问题是不同充电桩运营企业的收费协议不统一。比如电力公司建设的充电桩，只能刷电力公司的支付卡；而某技术公司所建设的充电桩，则只支持刷该公司提供的支付卡。若快充设施都采取 PPP 模式建设，则可规定不同充电桩运营企业之间用银行卡、支付宝等相对统一的方式来支付，解决这一问题。

采用 PPP 模式对于提高快充设施的经济性还具有以下优越性：

在 PPP 模式下，政府部门在编制招标文件时，能够以项目功能为约束，要求投标企业在保证服务水平的前提下尽可能降低项目的造价；在施工全过程中，政府能够严格监督工程质量，以保证日后运营时维护费用能够维持在较低水平；允许延伸资源的经营，如车厢、车体广告产生的收益，政府可以通过免税政策，使民营合作方全额保有此类收益；在税收方面，适当减少民营合作方的企业所得税，或者通过免征碳排放税等一些环保类的税种，吸引民营企业参与项目。

8.2 影响电动汽车快充设施收益的外部因素

外部环境包括电动汽车政府行为、用户行为和企业竞争策略等，通过分析这些外部环境的各个因素对电动汽车快充设施投入构成项目的影响、对产出构成项目的影响，来最终得到对经济效益的影响，如图 8-4 所示。

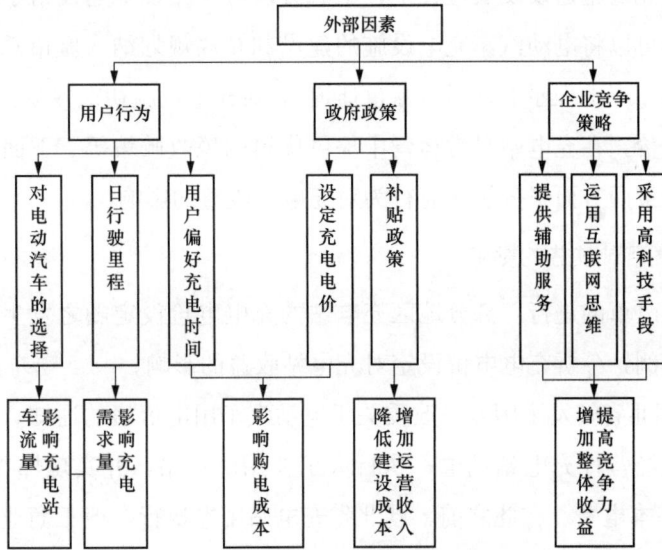

图 8-4　外部因素对电动汽车受电设施收益的影响

8.2.1　用户行为对充电站收益的影响

某地区的充电站收益与该地区电动汽车用户行为是息息相关的。用户行为从以下三个方向影响充电站的收益：用户对于电动汽车与燃油车的选择；用户的日行驶里程；用户偏好充电时间。

由于不同地区人们的经济水平不同、环保意识差异，对于电动汽车的偏好程度也各不相同，如北京、上海等城市，用户平均经济水平较高、环保意识较好，因此选择电动汽车的用户比例比其他城市大，则电动汽车充电站车流量随之增大，充电站的效益也会随之提高。

由于不同用户日行驶里程有差距，行驶里程会影响到电动汽车到达充电站时的电能需求量，根据式（8-1）可知，电能需求量会电动汽车充电时间，从而影响到充电设备的充电量。根据式（8-4）可知，电动汽车的充电需求量越大，充电站从所在地电网公司购电的成本就越高，充电站的收益也会相应的降低。

如果一个充电站的充电电价设置为分时电价，则用户偏好充电时间则会对充电站收益产生很大影响。如用户偏好为上班时段到充电站充电，则充电站针对这部分电量只需向电网支出较低的谷段电价；而如果用户偏好在夜晚下班回家路上途径充电站进行充电，这时属于用电高峰期，则充电站需要支出较高的峰段电价。

8.2.2 政府行为对充电站收益的影响

在电动汽车快充设施建设发展过程中，政府可以对快充设施建设给予政策支持或财政补贴，例如，政府可以将电动汽车充电设施的建设和布局规划纳入城市总体规划，在充电站建设的土地申报、审批程序上开通"绿色通道"，对充电设施初期建设投资采取政府补贴政策，设定充电电价，在充电站日常运营中提供优惠的税收政策等。下面主要从设定充电电价和政府补贴政策两方面来分析政府行为对充电站收益的影响。

1. 充电电价设定对收益的影响

随着电力体制改革的进行，部分地区充电站的充电电价设定随之发生改变。以湖北省充电站电价设定为例，分析充电电价设定对充电站收益的影响。

2015 年 6 月湖北省转发了国家发改委关于电动汽车用电价格的通知，决定对向电网企业直接报装接电的经营性充电站用电，执行大工业用电价格，并实现峰谷分时电价政策，2020 年前，免收基本电费。在此之前，湖北省充电站用电执行一般工商业电价，即每千瓦时电价最高为 0.98 元。执行大工业电价后，最高充电电价降至每千瓦时 0.6448 元。

基本电费，即面向变压器容量 315kVA 以上的工业用户收取的固定电费。基本电费若按变压器容量计算，每月每千伏安 28 元；若按企业用电最大需求量计算，每月每千瓦 42 元。以武汉一家经营性充电站为例，其向供电部门报装的变压器容量为 630kVA，可同时供 8 台电动车充电。则在 2020 年以前，该充电站每月将节省 17640 元基本电费，大大提高了充电站运营的经济性。

此外，充电站还将执行大工业用电峰谷分时电价政策。湖北省分时电价分为高峰（10 时至 12 时，18 时至 22 时）、低谷（零时至 8 时）和平段（其他时段）3 个电价标准。平段电价即正常电价，而高峰电价是平段电价的 1.8 倍，低谷电价是平段电价的 48%。一般而言，每天早高峰与晚高峰电动车车主都在用车，不会到充电站充电，而零点至上午 8 点，正是电动车充电的时候，分时电价能有效降低充电站经营成本。因此执行分时电价对于充电站来说能够降低充电设施产生的电费，大大降低运营期充电站的电费支出，提高充电站的效益。

通过对湖北省充电电价分析得知，设定一个合理的电动汽车充电站充电电价以及实施分时电价，对于提高充电站的收益具有明显的帮助。

2. 补贴政策对收益的影响

补贴政策分为国家对充电电价的补贴以及对充电站建设的补贴。

由于目前电动汽车推行不够广泛，使用电动汽车的用户较少，大多选择在家中充电，因此充电站的充电电价必须低于用户在家充电电价，才能满足用户的要求。在此基础上，为使充电站盈利，则在短期内政府需要对充电站进行充电电价补贴，直接表现为每 1kWh 电政府补贴 $\Delta C(t)$ 元，则每年充电站收入的来自政府补贴的收益为

$$C_{\mathrm{gov}} = \Delta C \cdot D_{\mathrm{y}} \tag{8-9}$$

式中：D_{y} 代表充电站一年的充电量。

除了对充电电价的补贴可以明显提高充电站收益之外，政府对充电站的建设直接提供一定比例的补贴，也可以一定程度上降低充电站的建设成本。

政府还可以对电动汽车使用者给予一定的激励政策，增大消费者对电动汽车的偏好程度，以扩大充电需求，促进充电设施建设与发展。例如，在购买电动汽车时给予一定的优惠，降低电动汽车的购买成本；在使用电动汽车时给予一定的优惠，如减免电动汽车车船使用税、养路费、过桥费、道路通行费、停车费等。

8.2.3 企业竞争策略对充电站收益的影响

由于电动汽车与燃油车互为可替代商品，因此为了提高充电站的竞争力，快充设施运营商可以采取一定的竞争策略来增加充电站的车流量。

1. 实行并设计分时租赁模式

在电动汽车的分时租赁模式下，企业可以通过设计车辆租赁模式在确保满足用户需求的同时，保证自身的盈利性。通过深入分析用户需求来进行用户分类，针对不同用户群的需求，研究面向多种用户类型的车辆租赁模式：面向 CBD 小微企业的"合租"模式；面向集团企业的"包租"模式；面向社会和个人的"预约"模式；面向远距离出行的捆绑式"绿色旅游""混合租赁""无缝对接"模式。此外，还可以通过研究各种租赁时间的成本和绩效等来确定响应的成本基价，最大程度地提高自己的收益。

采用分时租赁模式，增加了充电站的电费、人工费用，但可以获得来自租车企业的网点租赁费用、车辆维护费用等，以及得到车辆租赁的部分收益。并且通过这种模式，可以推动电动汽车的快速发展，进而提高充电站的利用率。

2. 运营期间提供增值服务

除了 8.1.3 中提到的 PPP 模式下可以采取的一些策略外，还可以效仿加油站，如在充电站设置超市，来增加充电站的收益。充电站设立的超市可经营的商品繁多，从日用品、

食品、报纸杂志到水果、汽车用品、纪念品等都可涉及。超市的商品由充电站投资公司统一配送。一般而言，充电站中超市的商品的价格要比外面的价格高，但由于人们图方便，部分车主会愿意在超市购买。充电站超市经营所获得的利润，可以作为充电站服务收益。据统计，英国加油站的便利店经营所获得的利润已占整个加油站利润的65%～70%。

因此从通过设置增值服务，给用户带来极大的便利的同时，能够促进用户倾向于选择电动汽车，增加充电站的客流量，提高充电站的利用率，从而整体提高充电站的经济性。

3. 运用互联网思维提高竞争力

由8.1.3可知，目前很多企业已经逐步开始推广电动汽车充电App，并借助服务网站、App及OTT应用，为用户提供公共充电设施查询、预约充电、充电启停控制、在线支付多元化服务，提升用户体验；同时基于平台开发与电动汽车业务相关平台应用，如私人电动汽车充电设施共享、租赁等极具市场前景的增值服务。

通过互联网思维，运营商可以通过为电动汽车提供充电解决方案，包括充电站定位、支付、充电状态远程监控等，最终将电动汽车车主、充电桩经营者、电动车制造商等相关合作伙伴纳入体系，实现资源互补，多方共赢。

4. 采用高科技手段

企业还可以通过充分利用高科技手段，提高充电站的科技含量。例如，建立完善充电站的管控系统，采用先进的充电机使充电机所有交易数据和电动汽车所需电量数据自动存入电脑数据库，自动生成各种报表。这样不仅可以确保数据的准确性，还能减少加油站员工日常的工作量，减少加油站的员工数量，从而减少充电站的人工成本。

企业还可以通过公共服务平台的数据共享、交叉复用实现多行业交互应用，消除领域间信息技术标准差异，获取最大的数据价值，为公交、出租、租赁、物流等相关行业提供应用服务实现全面的产业链，进而提高充电站的整体收益。

此外，距离小区比较近的充电站还可以在夜晚充电用户稀少的时段中，将充电站的车位出租给附近的用户作为停车场而盈利，增加充电站的整体收益。

8.3　政府、企业和用户之间的博弈行为分析

博弈论是研究决策者在决策主体行为发生直接相互作用时，如何进行决策及其均衡问题的理论。近年来，博弈论的发展已经广泛运用于政治经济学，社会科学，军事决策及人工智能等新兴学科，博弈论的重要假设是根据决策人的理性决定了其在考虑其他决策者反应的基础上选择对自己最有利的行为。也就是说，在博弈主体各方相互依存的情况下研究相互的冲突与合作。

由于政府、企业、用户三者都拥有其他两方的特征、策略及得益函数等方面的准确信息，所以运用完全信息静态博弈模型对充电设施参与者进行利益分析。

假定企业和用户遵守地方政府的政策，政府和用户对企业的生产与运行成本、效益等情况有着清楚的了解，政府和企业对用户使用电动汽车成本节省情况也能较清楚了解。即政府、企业、用户三者在信息上是对称的。

8.3.1 政府与充电企业之间的博弈

政府支持企业时，总的支付成本为 Z，其中对充电设施建设的直接经济补贴为 Z_{12}，政府制定措施、发布宣传措施及其他非直接财政补贴措施而支付的成本为 Z_{12}'。当且仅当企业选择参与充电设施建设提供充电服务时，Z_{12} 才发生。企业提供充电服务时，充电设施的建设成本为 C。

政府对充电设施企业的激励措施可能会引起用户对电动汽车的购买使用情况发生变化，定义"政府支持成功"表示政府对企业采取的措施增加了电动汽车用户数量；"政府支持不成功"表示电动汽车市场保有量与不支持时相同。当企业提供充电服务时，政府支持成功时，政府的收入为 Y_1，企业的日常收益 Y_2，政府支持不成功与不支持时，政府的收入为 Y_1'，企业的日常收益 Y_2'。

政府与企业博弈的得益矩阵见表 8-1。

表 8-1   政府与企业博弈的得益策略集

		政府		
		支持且成功	支持但不成功	不支持
企业	充电	$(Y_2+Z_{12}-C,\ Y_1-Z)$	$(Y_2'+Z_{12}-C,\ Y_1'-Z)$	$(Y_2'-C,\ Y_1')$
	不充电	不存在	$(0,\ Z_{12}')$	$(0,\ 0)$

政府支持的概率为 P_1，成功的概率为 P_{1S}，企业提供充电服务的概率为 P_2，则政府收益的期望函数为

$$E_Z(P_1,P_2)=P_2\{P_1[P_{1S}(Y_1-Z)+(1-P_{1S})(Y_1'-Z)]+ \\ (1-P_1)Y_1'\}+(1-P_2)P_1(-Z_{12}') \tag{8-10}$$

根据纳什均衡原理，当政府进行支持和不支持的预期收益无差异时，求得纳什均衡，政府的最优决策为

$$P_1^*=(C-Y_2')/[Z+P_{1S}(Y_2-Y_2')] \tag{8-11}$$

充电设施企业的最优决策为

$$P_2^*=Z_{12}'/[Z_{12}'-Z+P_{1S}(Y_1-Y_1')] \tag{8-12}$$

政府和企业博弈的混合纳什均衡为

$$(P_1^*, P_2^*) = \{(C-Y_2')/[Z+P_{1S}(Y_2-Y_2')], Z_{12}'/[Z_{12}'-Z+P_{1S}(Y_1-Y_1')]\}$$

$$(8\text{-}13)$$

由式（8-11）可知，当 $C-Y_2'>0$ 时，即充电运营商自身支付的建设成本大于其营业收益时，政策才有可能采取支持措施，且差价越大，政府支持的概率越大。当 $Z+P_{1S}(Y_2-Y_2')$ 越大时，即政府所需支付的成本越大，企业由于政府支持而增加的收益越大时，政府支持的概率会越小。当政府的支持概率 $P_1>P_1^*$，$\partial E_c/\partial P_2>0$，增加 P_2，会使 E_c 增加，此时充电运营商的最优选择为提供充电服务。

由式（8-12）可知，当 Z_{12}' 越大时，即政府因对充电设施因政策上的倾斜所支付成本越高，一定程度上可以理解为政府对充电设施发展的激励措施越多，运营商选择提供充电服务的概率越大。当 Z 越大，$Z_{12}'-Z+P_{1S}(Y_1-Y_1')$ 越小，运营商支持的概率越大，即政府投入的总成本越大，运营商支持的概率也越大。当运营商支持的概率 $P_2>P_2^*$ 时，政府的最优决策是支持策略，当 $P_2^*\to1$ 时，即 $-Z+P_{1S}(Y_1-Y_1')\to0$ 时，此时政府采取支持策略的可能性就越小。当 $-Z+P_{1S}(Y_1-Y_1')$ 足够大、$P_2^*\to0$ 时，政府采取支持策略的可能性就越大。当政府采取支持措施后带动的增加的收入与政府总的支付成本相差越大时，政府支持的意愿就越大。

8.3.2 政府与用户之间的博弈

每辆电动汽车的使用给政府带来的综合收益为 Y_{11}。政府对购买电动汽车的直接补贴为 Z_{13}，很明显，当且仅当用户选择购买电动汽车时 Z_{13} 才发生；政府制定措施、发布宣传措施及其他非直接财政补贴措施而支付的成本为 Z_{13}'。

用户使用电动汽车的成本为 S，使用传统汽车的成本为 Y_3；由于用户是一个群体组织，设定用户"购买"表示用户中至少有一个购买电动汽车的成员，政府支持时购买成员数为 N，政府不支持时为 N'；用户"不购买"表示用户中无购买电动汽车的成员。政府与用户的最后得益见表8-2。

表8-2　　　　　　　　　　　政府与用户博弈的得益策略集

用户		政府	
		支持	不支持
用户	购买	$(Y_3+Z_{13}-S, N(Y_{11}-Z_{13})-Z_{13}')$	$(Y_3-S, N'Y_{11})$
	不购买	$(0, -Z_{13}')$	$(0, 0)$

政府和用户博弈的混合纳什均衡为

$$(P_1^*, P_3^*) = \{(S-Y_3)/Z_{13}, Z_{13}'/[Z_{13}'+N(Y_{11}-Z_{13})-Z_{13}'-N'Y_{11}]\} \quad (8\text{-}14)$$

由 $P_3^*=Z_{13}'/[Z_{13}'+N(Y_{11}-Z_{13})-Z_{13}'-N'Y_{11}]$ 可知，消费者选择购买电动汽车的

概率与政府采取支持措施所支付的非直接补贴性成本 Z'_{13}、直接补贴成本 Z_{13} 成正比例关系，Z_{13}、Z'_{13} 越大，即政府激励措施越大，消费者购买电动汽车的概率越大。当 $N(Y_{11}-Z_{13})-Z'_{13}-N'Y_{11}$ 足够大、$P_3^* \to 0$ 时，政府采取支持策略的可能性较大。当 $N(Y_{11}-Z_{13})-Z'_{13}-N'Y_{11}$ 足够小，$P_3^* \to 1$ 时，此时政府采取支持策略的可能性就越小。换句话说，当政府采取支持措施后带动的增加的收益越大，政府采取支持策略的可能性就越大。

由 $P_1^*=(S-Y_3)/Z_{13}$ 可知，当 $S-Y_3>0$ 时，即消费者自行购买使用电动汽车的成本大于传统汽车的成本时，政府才有可能采取支持措施，且差价越大，政府支持的概率越大。当政府所需支付的直接补贴越大，政府支持的概率会越小。与政府与充电设施运营商的博弈一结果相似，政府与消费者的博弈焦点也在于政府对消费者的支持力度。

8.3.3 企业与用户间的博弈

充电企业低电价时企业营业利润 Y_4，高电价的时的营业利润为 Y'_4，充电设施建设的固定投资成本为 C_4；充电供应商采取高价策略时，对用户往往需要采取额外的激励措施促进购买或提供更好的服务，设此成本为 L。企业低价时政府对充电设施建设的补贴为 Z_d，高价时政府的补贴为 Z_E，由于政府与企业之间同样存在着博弈，政府会根据企业的行为而对补贴的额度进行不同的选择，通常情况下 $Z_d \neq Z_g$。低价时用户使用传统汽车的费用为 Y_3，充电企业采取低价时用户使用电动汽车的费用为 S，若低价与高价的价格差为 Δ，则高价时使用的费用为 $S+b\Delta$，b 为常数。政府对用户购买电动汽车的补贴为 Z_{13}。企业高价的概率为 P_4，用户购买的概率为 P_5。企业与用户博弈的得益策略集见表 8-3。

表 8-3　　　　　　　　　企业与用户博弈的得益策略集

		用户	
		购买	不购买
企业	低价	$(Y_4-C_4+Z_d,\ Y_3-S+Z_{13})$	$(-C_4+Z_d,\ 0)$
	高价	$(Y'_4-C_4-L+Z_g,\ Y_3-S-b\Delta+Z_{13})$	$(-C_4+Z_g-L,\ 0)$

政府与用户博弈的混合纳什均衡解为

$$(P_4^*,P_5^*)=\{(Y_3+Z_{13}-S)/b\Delta,(Z_d+L-Z_g)/(Y'_4-Y_4)\} \tag{8-15}$$

由 $P_5^*=(Z_d+L-Z_g)/(Y'_4-Y_4)$ 可知：影响企业高价策略的因素有政府补贴，对消费者采取额外的激励措施的成本以及利润。当 $P_5^*=(Z_d+L-Z_g)/(Y'_4-Y_4) \to 0$ 时，即当政府对低价与高价策略下的补贴值变化不大、利润足够大或者激励成本很低时（例如，消费者环保意识很强，愿意购买较为环保的电动汽车），充电设施运营商的最优选择为高价。反之，充电设施运营商的最优选择为低价。

由 $P_4^*=(Y_3+Z_{13}-S)/b\Delta$ 可知：若企业高价的概率 $P_4<P_4^*=(Y_3+Z_{13}-S)/b\Delta$，

$\partial E_x(P_4,P_5)/\partial P_5>0$，$B$，$E_x$ 是 P_5 的增函数，即消费者增大购买电动汽车的概率，其收益会提高，此时消费者的最优选择为购买电动汽车。由此可知，消费者使用电动汽车、传统汽车的综合成本差越大，企业高价与低价的价格差越小，消费者选择电动汽车的概率越高。

8.4 快充设施项目风险识别

快充设施项目风险识别可从规划建设风险、法规政策调整风险、企业经验及用户行为风险、行业技术风险和市场经济风险几方面进行考虑分析，如图 8-5 所示。

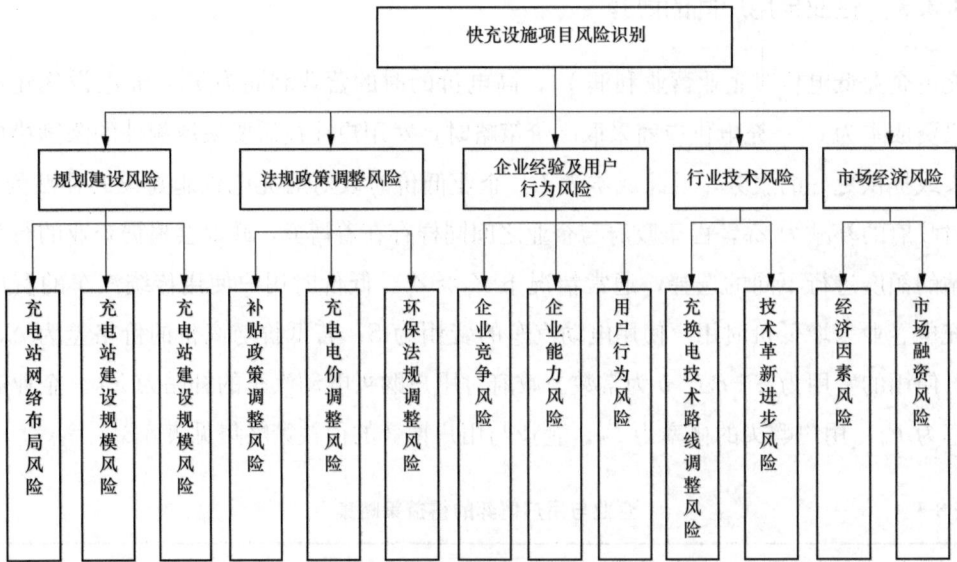

图 8-5 快充设施项目风险识别

8.4.1 规划建设风险

从快充设施内部影响因素可以看出，快充设施的规划建设风险主要体现在充电站网络布局、充电站建设规模以及充电站建造风险三个方面。

（1）充电站网络布局风险。充电站规划建设可能存在布局不合理的风险，而充电站的布局会影响到道路的曲折系数、道路畅通系数、到电动汽车到该充电站的距离。由 8.1.2 中分析可知，充电站的布局改变，则用户的充电行驶成本也会变化，成本越高则到该充电站充电的电动汽车越少，即车流量越小。并且充电站布局对充电站的建设成本也有一定影响，随着充电站到变电站之间的距离增加，所需投资的线路长度增加，充电站到变电站的线路投资会呈正比的增长。

综上，快充设施的不合理布局可能会严重阻碍电动汽车的推广，影响充电站网络布局的因素主要包括车辆特性，用户充电习惯、充电需求以及电动汽车的发展规划等，影响因素众多，任意一个因素的变动都有可能引致网络布局风险。

（2）充电站建设规模风险。目前，电动汽车市场接受程度不确定。在电动汽车的推广阶段，由于电动汽车的拥有量较少，充电站的数量较少，规模也相对较小，电动汽车用户充电困难，消费者就不愿意购买电动汽车，进而充电站的效益下降不敢扩张，进一步影响消费者的购车欲望，这样将陷入一个恶性循环，不利于电动汽车的发展普及。此外，电动汽车规模普及程度与电动汽车售价与维修成本、质量及使用安全性、充电方便性等因素密切相关，目前电动汽车普及程度仍然较低，主要研究就是电池技术发展不足以满足人们的需要，且成本高，直接影响了电动汽车的售价。因此，在发展初期需要在政府的支持下成规模地兴建充电站，尽量满足电动汽车用户可以即时充电的需求，这就需要在合理布局的基础上选择合适的充电站规模，以最小的代价获得最大的效益。在电动汽车普及之后，还应注意充电站的饱和程度，不能盲目建设造成浪费。

（3）充电站建造风险。建造风险是指充电站设施在设计、施工和工程验收过程中产生的不确定性。充换电设施设计要综合考虑功能性、技术性、经济性及社会性等多个方面。在设计之初需要进行大量的调研，搜集众多的资料，在设计中既要满足电力系统的电压、电流等规范要求，又要满足用户随到随充、安全可靠的要求。同时还要站在全局的高度考虑充电站之间的关系，分析最优选址、最优路径、区域饱和度等方面的问题，把整个区域的充电站作为一个网络来设计，这样才能避免盲目建设造成的资源浪费，实现整个区域充换电服务网络的利益最大化，因此设计资料的完整性、可靠性、可行性以及设计方案的按时完成都成为未来建设中的风险因素。如果设计资料及设计方案在建设前出现问题，则会严重拖延充电站的建成时间，增加建设成本。

充电站建造过程中，还有可能面对地震、洪水等自然灾害、恶劣的气候条件、极其复杂的地质条件、文物、动植物保护等自然环境风险和社会因素。自然灾害以及恶劣的气候条件会造成快充设施建设过程中增加建设难度甚至延期，对快充设施的顺利运营也会产生巨大阻碍。对于建设施工项目来说恶劣的地质条件对其项目顺利实施有重要影响，电动汽车充电站建设项目本质上来说属于建设施工项目，对地质条件有着自身的要求。从施工方面看，恶劣的地质条件将加大施工难度，拖延计划工期，要求增加施工机械等。因此，恶劣的地质条件将增加机械成本、辅助材料、人工成本等。部分充电站甚至需要建设维修地沟、铺设地下电路等，将进一步加大建设难度和建设成本。

8.4.2 法规政策调整风险

除了第三节中涉及的快充设施的经济性会受到政府设定的充电电价和补贴政策调整的影响，部分法律法规如环保法规等的调整也会给快充设施的规划发展带来一定风险。

（1）补贴政策调整风险。政府补贴对于电动汽车产业的发展影响重大。根据相关分析可知，充电电价对于快充设施的收益的影响。当政府对电动汽车用户和充电运营商均不进行补贴时，电动汽车用户付出的购买及充电成本高于燃油汽车的成本，即用户损益值仍负，此时充电电价超出用户和运营商可承受范围；当政府对用户不补贴，对快充设施运营商的补贴力度为5%时，用户损益值仍为负，说明不对电动汽车用户进行经济补贴，用户不会主动选择使用电动汽车；当政府对用户补贴5%，对充电运营商不补贴时，电动汽车购买及充电成本同燃油汽车相等，政府补贴额正好可以保证用户和快充设施运营商的基本收益；当政府对双方的补贴数额不断增长时，两者的收益进一步加大。因此，政府对电动汽车的补贴政策会直接关系到快充设施的规模及投入成本，且一旦补贴政策调整，用户对电动汽车的选择会改变，电动汽车车流量受到影响，对快充设施的经济性具有很大的影响。

（2）充电电价调整风险。政府定价政策的变化也是快充设施运营过程中需要关注的环节。充电电价是电动汽车发展中的一项主要调控手段，它是车辆用户、充电站运营商、电力供应商之间利益的纽带，也直接或间接地影响着三者的经济效益。通过第三章中对湖北省充电电价分析可以得知，设定一个合理的电动汽车充电站充电电价以及实施分时电价，对于提高充电站的收益具有明显的帮助。Schroeder等学者经研究得出结论，当充电电价比日常居民用电电价略高出15%时，政府补贴额可以刚好保证电动汽车用户和充电站运营商的基本收益，此时得到的临界充电电价三方均可以接受。

目前我国充电电价是由国家制定的，然而随着电动汽车充电领域市场化程度的提高，将改变原有的市场关系，相应的定价方式也将改变，即由国家定价方式为主转变成由市场定价方式为主。在这样的环境下，如果电动汽车企业及其相关企业，特别是电网公司是基于原来的国家定价模式进行投资价值评估而投资于这些领域，当市场决定的价格变动时，可能导致原来的合同不能履行，导致一系列经济损失，影响企业的发展。

（3）环保法规调整风险。据了解，目前，世界上已有丹麦、芬兰、荷兰、挪威和瑞典五个北欧国家实施了碳税或能源税政策，而法国也准备步其后尘。国家发改委和财政部有关课题组经过调研，形成了"中国碳税税制框架设计"的专题报告。课题组表示，税收的转移支付方面，应利用碳税重点对节能环保行业和企业进行补贴。目前我国还没有征收二氧化碳排放税，但是未来的某一天，很可能会针对电动汽车产业进行补贴，但是补贴的额度还是一个未知数。

电动汽车本身以其良好的节能环保性能受到国家和消费者的青睐，但与此同时，充电设施作为一个电力负荷的重载区域会产生一定程度的电磁辐射，尤其是电动汽车快充设施，使用大电流整车充电方式，将产生强烈的电磁辐射。国内近些年越发频繁地发生当地居民反对在小区附近修建变电站的事件，可能进一步促使国家或地方对预防电磁辐射出台相应的法律法规。因此在充电站的设计建设过程中必须考虑相关的因素，规避风险，以避免在建设中产生阻碍，或边建边拆的情况，由于不符合法律法规需要重新选址再建的情况，增加充电站的建设成本。

8.4.3 企业经营及用户行为风险

1. 企业竞争风险

为增加自身的盈利性，很多汽车企业纷纷施行了诸如开发各种充电 App、分时租赁模式等多种提高自身竞争力的措施。然而随着国家对电动汽车产业扶持力度加大，越来越多的企业力图享受电动汽车的相关利好政策，一窝蜂投入到软件的开发中，造成了日益激烈的市场竞争环境。在这种竞争环境下，要通过更加激烈的市场竞争才能优化市场的资源配置，促进自身的发展。由此，通过企业竞争策略给充电站的运营带来的收益面临着优胜劣汰的风险，只有在众多企业中获胜的一方，才能给充电站的运营带来最大的收益，否则可能会在增加了开发经营成本的基础上降低运营收入，反而会导致充电站的经济性变差。

2. 企业能力风险

（1）企业技术实力。电动汽车及其相关配套设施产业属于知识密集型、技术密集型产业，对电动汽车企业技术水平的要求较高，快充设施有提供有效、快速、安全充电服务的义务，直流充电机的质量还会直接影响到充电效果。若企业技术实力强，则产品质量风险较低，反之，则对企业形象及市场占有率造成影响。

（2）企业创新实力。一个企业进步的最大动力就是创新，拥有创新能力的电动汽车企业往往可以很快从众多快充设施运营商中脱颖而出，给自身带来无限的潜力和商机。如8.2.3中提到的企业竞争策略会对充电站的收益产生巨大影响，并且还能促进整个电动汽车产业的发展，加快电动汽车逐渐取代燃油车的进程。因此一个企业的创新型竞争策略，会给其他众多竞争企业带来巨大压力，造成一定的经营风险。

（3）商业化运营能力。企业商业活动始终是以盈利为目的。快充设施投资建设具有初期投入大，建设周期长，投资回收期长等特点，尤其是市场发展前景不确定的情形下，短期内很难收回成本，需要长期持有才能见效益。电动汽车作为一种新型交通工具，未来市场化前景不确定，所以企业在投资充电站建设时风险较高，可能会出现投资无法收回的情况。因此，企业对充电设施商业化运营模式的探索决定了企业未来的盈利空间，若企业能建立相对完善的充电设施商业化运营模式，如之前提到的分时租赁模式、"互联网"＋模式、合资组建模式等，则可以推动电动汽车产业化发展，从而形成良性循环，快速占领电动汽车充电站市场，获取更大的利润。

3. 用户行为风险

决定市场的最终力量是用户的购买需求，然而用户的需求总是难以准确预测的。各电动汽车制造生产的商用以及家用电动汽车，价格、性能、样式、舒适性、安全性或者颜色搭配，都将影响用户对电动汽车的购买需求，而电动汽车的需求量又会直接的影响到充电站的运营。

如8.2.1中所提到的，用户行为会对电动汽车快充设施的收益产生影响，用户的实际收入、人口数量与结构的变动等相关因素决定了用户购买力的大小。市场中用户收入越高、人口数量越多，对电动汽车的需求就会越旺盛。并且人口结构的变动，也会导致对电动汽车的需求产生变化，如城市中产阶层比重的增加，电动汽车的购买量也会相对增加。此外，用户的消费行为、政府消费政策等也是影响市场需求变化的重要因素。当用户的消费偏好较原来发生了变化，对电动汽车需求量增加，也会给充电站的运营带来一定的影响。

8.4.4 行业技术风险

电动汽车充换电设施规划的技术和行业风险主要有充换电技术路线调整风险，技术革新进步风险等。

1. 充换电技术路线调整风险

由于目前关于电动汽车充换电设施发展路线的具体政策仍然不甚清晰，未来电动汽车的发展格局还不明确。而不同类型电动汽车的在电池容量等因素上具有很大的差别。因此未来充电模式与换电模式的比例，快慢充的比例等还不确定。

近期国内主流电动汽车充换电设施建设运营单位都在开展大功率快充设备研制与工程建设，为了满足公共区域短时充电需求，大功率充电设备正在逐渐普及，充电功率也从50kW左右向120kW甚至更高功率发展。无线充电也成为近期的热点技术，尤其是部分电动公交的示范运营，极大地刺激了这项技术进一步发展。燃料电池技术也在不断发展，虽然目前尚不具备大规模实用化条件，但一旦技术成熟就会带来革命性的变化。交流慢充设备主要面向私人家庭用户或特定专用场所使用，将提供更多的个性化便捷服务功能。部分出租车公司又选择了换电方式的电动出租车进行应用，也取得了一定的经济效益。各种充电技术的发展与变化对充电设施行业带来了较大不确定性，技术路线的选择涉及快充设施运营商的切身利益，一旦国家充电网络技术路线发生改变，就会对快充设施的发展运营及经济性带来巨大的影响。

2. 技术革新进步风险

充电技术的进步，有利于快充设施缩短充电时间。充电时间减少会减少用户排队等候充电的时间，影响到充电站因电动汽车充电引起的对电网的负荷需求，大大提高充电站的服务能力。

除此之外，充电技术的革新会促进未来充电技术由智能单向有序充电模式向智能双向有序充放电模式转变，有序充放电，能够调节电网的负荷峰谷差，使电网负荷曲线相对平缓，提高电网安全运行。在未来能源互联网中，政府和电网公司都会给予采用 V2G 技术的充电站更多的支持和鼓励。

8.4.5 市场经济风险

1. 经济因素风险

主要包括通货膨胀、利率变动和税率变动引起的风险。其中，通货膨胀风险是指由于通货膨胀使原材料价格、人工费用不断上涨，工程造价大幅度提高或者使得项目产品的销售受阻，降低实际收入。通货膨胀风险会导致充电站建设成本增加，充电收入减少，致使快充设施的收益降低。

利率风险是指项目在经营过程中，由于利率变动直接或间接地造成项目价值降低或收益受到的损失。由于快充设施属于工程建设项目，通常是采用银团或集团贷款的融资形式，而项目的建设周期一般较长，在此期间没有收入，项目的总利息数将有可能成为整个项目融资费用的一大部分，而项目的主办者一旦付息有困难，所产生的后果多半会是项目完成的延误，这将会对贷款方的资金回收产生直接的影响。

税率是国家调节国民经济的杠杆，代表着国家的产业导向，对企业有直接的影响，因此税率变动会造成企业的不确定性。

2. 市场融资风险

目前发展电动汽车快充设施需要进行项目融资，但融资涉及的资金规模大、期限长、参与方众多且结构复杂，导致项目融资的风险很大，融资风险的表现类型主要有合同风险、信用风险、项目完工风险等。

（1）合同风险，是充电站项目建设的一个影响因素，其中包括合同条款不完善、对合同条款的理解有偏差两个主要方面。狭义的合同风险指因不可归责于合同双方当事人的事由所带来的非正常损失。在合同签订之初，双方应相互沟通确定条款内容，并明确各自的权利与义务。如在初期合同签订时对于某些问题没有具体明确或对于某条款的理解存在偏差，一旦出现非正常损失，很大可能会影响到充电站的运营。

（2）信用风险又称违约风险，是指交易对手未能履行合同中的约定而造成的经济损失的风险，就是融资的信用风险，它与经济运行的周期以及对公司经营有关的某些特殊事件有关。信用风险贯穿整个电动汽车产业的发展过程之中。

（3）项目完工风险是指项目无法正常完工、需要延期完工或者完工后无法达到预期运行标准要求的风险。完工风险具体包括：实际完工时间比计划完工时间延期、项目成本超支、完工后达不到"设计"规定的技术标准以及中途停建的情况。目前在我国由于大多产业的实际发展与规划不一致，出现完工风险的概率都是比较高的，因此快充设施的建设同样会受到项目完工风险的影响。

8.5 盈亏平衡法分析快充设施经济性

根据影响快充设施项目的因素分析，从中选出影响较高的指标，在动态盈亏平衡法计算快充设施经济性的基础上进行单因素敏感性分析。

本节运用动态盈亏平衡法——净现值法对电动汽车快充设施效益进行测算。净现值（Net Present Value，NPV）法是一种评价项目投资方案经济效益的方法。该法是根据测算项目全生命周期内，各期资金流入量的总现值与资金流出量的总现值的差额，得出项目的净现值，然后根据净现值的大小来评价投资方案的优劣。当净现值为正时，表示有利可图，投资方案可以接受，且净现值越大表示收益越大；净现值为负时，则表示项目投资亏损无利可图，一般弃用该方案。

8.5.1 NPV 模型

为了准确地分析目前快充设施经济性，并在此基础上进行单因素敏感性分析，我们采用净现值（NPV）法来评估。

假设所有投资者都是理性的，他们追求投资回报的最大化，则影响快充设施经济性的因素主要有以下方面。

初始投资

$$C_{\text{invest}} = \begin{bmatrix} (C_a + C_1 * q_1 + C_{R\&D} + C_m + C_{ob}) + \\ (C_e * f + C_t + C_p + C_s) \end{bmatrix} \tag{8-16}$$

式中 C_a——充电站建筑设施的造价成本；

C_1——充电站单位面积用地成本；

q_1——充电站占用土地总面积；

$C_{R\&D}$——充电站建设的研发设计成本；

C_m——充电站建设前期可行性分析成本；

C_{ob}——充电站建设时期其他费用，如建设场地征用费、清理费等。

C_e——充电机的单位购置成本；

f——充电站购置充电机的数量；

C_t——充电站变压器的购置成本；

C_p——除变压器以外配电设备的购置成本；

C_s——充电站安全系统购置成本，如监控和附属设施、消防设备等。

运营维护成本

$$C_{operation} = C_{chr} + C_{mt} + C_{dep} + C_{mnl} + C_o \tag{8-17}$$

式中　C_{chr}——电费成本；

C_{mt}——备维修费；

C_{dep}——设备折旧费；

C_{mal}——人工成本；

C_o——其他费。

运营收入

$$R_{income} = LE_S DM(C_{es} + C_{ss}) + R_0 \tag{8-18}$$

式中　E_s——电动汽车行驶每公里所需要的电能；

L——每辆电动汽车日均行驶里程；

D——电动汽车每年运行的天数；

M——快充电站服务的电动汽车数目；

C_{es}——快充电站售电价格；

C_{ss}——快充电站每 1kWh 电收取的服务费。

R_0——其他服务收入。

假设不考虑建设期的贷款利息，则将上述内容转化为动态盈亏平衡计算公式得

$$\text{NPV} = -C_{invest} - \sum_{t=1}^{T} C_{operation} \left(\frac{1}{1+\beta}\right)^t + \sum_{t=1}^{T} \frac{C_{invest}}{T}\tau \left(\frac{1}{1+\beta}\right)^t + \sum_{t=1}^{T} OR_{income}(1-\tau)\left(\frac{1}{1+\beta}\right)^t$$

$$\tag{8-19}$$

其中盈亏平衡法动态因素有：T 为快充设施项目运行周期；β 为资金折现率；τ 为所得税税率；ρ 为由于技术更新进步而引起的服务费的年均降低比率。式中，$\sum_{t=1}^{T} OR_{income}(1-\tau)$ $\left(\frac{1}{1+\beta}\right)^t$ 为固定资产折旧带来的所得税返还。

将初始投资、运营维护成本及运营收入代入式（8-19）中可得

$$\begin{aligned}
\text{NPV} =&-\left[(C_{a}+C_{l}\times q_{l}+C_{R\&D}+C_{m}+C_{ob})+(C_{e}\times f+C_{t}+C_{p}+C_{s})\right]\\
&-\sum_{t=1}^{T}(C_{chr}+C_{mt}+C_{dep}+C_{mal}+C_{o})\left(\frac{1}{1+\beta}\right)^{t}\\
&+\sum_{t=1}^{T}\frac{\left[(C_{a}+C_{l}\times q_{l}+C_{R\&D}+C_{m}+C_{xl})+(C_{e}\times f+C_{t}+C_{p}+C_{s})\right]}{T}\\
&\times\tau\times\left(\frac{1}{1+\beta}\right)^{t}+\sum_{t=1}^{T}O\times\left[L\times E_{S}\times D\times M\times(C_{es}+C_{ss}\times)+R_{0}\right]\\
&\times(1-\tau)\times\left(\frac{1}{1+\beta}\right)^{t}
\end{aligned}$$

$$(8\text{-}20)$$

8.5.2 算例分析

北京市某电动汽车快速充电站定位为快速充电站，倾向于直流快充模式，考虑电动汽车市场形成周期，采用 45 台直流充电机、10 台智能交直流一体化充电机，在车辆规模较少时，充分利用资源采用智能交直流一体化充电机的交流慢充和交流快充模式，在车辆规模成型之后，采用直流充电机和智能交直流一体化充电机的直流快充模式，以实现整站资源配置优化。

2015 年，国家发改委印发的《电动汽车充电基础设施发展指南（2015—2020 年)》指出"到 2020 年全国电动汽车保有量将超过 500 万辆，其中电动公交车超过 20 万辆，电动出租车超过 30 万辆，电动环卫、物流等专用车超过 20 万辆，电动公务与私人乘用车超过430 万辆"。可见未来电动公务与私人乘用车占比为 86%，因此，本站主要满足电动公务与私人乘用车的充电需求。快速充电站基本投资建设及运营成本见表 8-4。

表 8-4 项 目 成 本 情 况

类别	名称	金额（万元）
建设成本	建筑工程费	400
	设备购置费	3200
	软件购置费	500
	安装工程费	280
	工程建设其他费用	200
	合计	4580
运营成本	设备维修费	32
	设备折旧费	128
	人工成本等	50
	合计	210

从 2015 年 8 月 1 日起，北京电力负责建设运营的电动汽车充电桩（站）将开始收取充电服务费，在原充电电费 0.8745 元/kWh 的基础上，按照 0.8 元/kWh 收取充电服务费，

也就是说以后在电桩充电为 1.6745 元/kWh。

该电动汽车快速充电站以车辆快速充电为主，充电时间假设为 30min（20kWh，行驶 100km）计算，快速充电站工作时间以 12h 计算，考虑 10min 的停车，则最大服务能力计算如下

$$55(桩) \times 12 \times 60/40 = 990(辆)$$

$$年营业额 = 充电车辆 \times 充电电量 \times 充电价格 \times 365 天$$

国家发改委于 2014 年 7 月正式下发《关于电动汽车用电价格政策有关问题的通知》（以下简称《通知》）。《通知》要求，对经营性充换电设施用电执行大工业电价，2020 年前免收基本电费，并执行峰谷分时电价政策。

根据《国家电网电动汽车充电设施建设指导意见》的要求，该电动汽车快速充电站供配电系统进线电源采用 10kV 双路供电，10kV 侧采用单母线分段接线方式。根据北京发改委网站公布的大工业用电，1~10kV 的峰谷分时电价见表 8-5。

表 8-5　　　　　　　　　　北京工业用电时段划分及分时电价参照

序号	时段	时段划分参照	分时电价参照（元/kWh）
1	尖峰时段	7、8 月 11：00—13：00；16：00—17：00	1.0941
2	高峰时段	10：00—15：00；18：00—21：00	1.0044
3	平时段	07：00—10：00；15：00—18：00 21：00—23：00	0.6950
4	低谷时段	23：00—7：00	0.3946

该电动汽车快速充电站的工作时间按 12h 计算，则根据分时电价参照表，计算出买电的平均电价为

$$平均电价 = [1.0044 \times (5+2.5) + 0.695 \times (1.5+3)]/12 = 0.888375（元/kWh）$$

理想情况下，充电车辆第一年 200 辆，第二年 500 辆，第三年 900 辆，第四年达到饱和 990 辆。

根据该充电站的建设规划，项目运行周期 T 为 25 年；资金折现率 β 取 7%；所得税税率 τ 为 3.477%。

（1）电动汽车发展乐观，有 0.8 元服务费，见表 8-6 和图 8-6。

表 8-6　　　　　　电动汽车发展乐观，有 0.8 元的服务费的财务表　　　单位：万千瓦，万元

年份	充电车辆（辆）	充电电量	购电电费	营业收入	运营成本	税金	利润	净现值
1	200	146	113	244	210	9	−87	−4667
2	500	365	283	611	210	21	97	−4570
3	900	657	510	1100	210	38	342	−4228
4	990	723	560	1210	210	42	398	−3830

年份	充电车辆（辆）	充电电量	购电电费	营业收入	运营成本	税金	利润	净现值
5	990	723	560	1210	210	42	398	−3433
6	990	723	560	1210	210	42	398	−3035
7	990	723	560	1210	210	42	398	−2638
8	990	723	560	1210	210	42	398	−2240
9	990	723	560	1210	210	42	398	−1842
10	990	723	560	1210	210	42	398	−1445
11	990	723	560	1210	210	42	398	−1047
12	990	723	560	1210	210	42	398	−650
13	990	723	560	1210	210	42	398	−252
14	990	723	560	1210	210	42	398	145

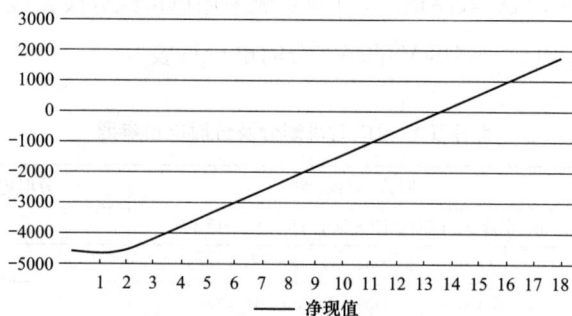

图 8-6　电动汽车发展乐观，有 0.8 元的服务费净现值

第 14 年时净现值为正，说明收回了成本。

（2）电动汽车发展乐观，无 0.8 元的服务费。如果国家没有充电服务费每 1kWh 电 0.8 元/kWh 的收入，则利润都是负值（见表 8-7、图 8-7）。所以国家的政策有利于充电站的健康发展。

表 8-7　　　　　　电动汽车发展乐观，无 0.8 元的服务费的财务表　　　单位：万千瓦，万元

年份	充电车辆（辆）	充电电量	购电电费	营业收入	运营成本	税金	利润	净现值
1	200	146	113	128	210	4	−200	−4780
2	500	365	283	319	210	11	−185	−4965
3	900	657	510	575	210	20	−165	−5130
4	990	723	560	632	210	22	−160	−5290
5	990	723	560	632	210	22	−160	−5451
6	990	723	560	632	210	22	−160	−5611
7	990	723	560	632	210	22	−160	−5772
8	990	723	560	632	210	22	−160	−5932

年份	充电车辆（辆）	充电电量	购电电费	营业收入	运营成本	税金	利润	净现值
9	990	723	560	632	210	22	−160	−6093
10	990	723	560	632	210	22	−160	−6253
11	990	723	560	632	210	22	−160	−6414
12	990	723	560	632	210	22	−160	−6574
13	990	723	560	632	210	22	−160	−6735
14	990	723	560	632	210	22	−160	−6895
15	990	723	560	632	210	22	−160	−7056
16	990	723	560	632	210	22	−160	−7216
17	990	723	560	632	210	22	−160	−7376
18	990	723	560	632	210	22	−160	−7537
19	990	723	560	632	210	22	−160	−7697
20	990	723	560	632	210	22	−160	−7858
21	990	723	560	632	210	22	−160	−8018
22	990	723	560	632	210	22	−160	−8179
23	990	723	560	632	210	22	−160	−8339
24	990	723	560	632	210	22	−160	−8500
25	990	723	560	632	210	22	−160	−8660

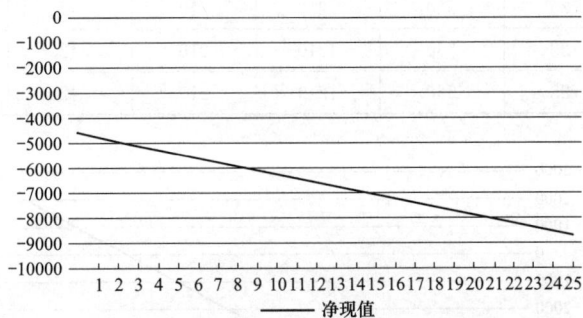

图 8-7　电动汽车发展乐观，无0.8元的服务费的财务表

（3）电动汽车发展不乐观，有0.8元的服务费。根据充电站服务半径要求和用户行为分析，未来三年通过该电动汽车快速充电站日平均需要补电的电动汽车大概为65辆、136辆和208辆。电动汽车保有量发展缓慢，第21年净现值才能为正（见表8-8、图8-8）。

表8-8　　　　　　　　电动汽车发展不乐观，有0.8元的服务费财务表　　　单位：万千瓦，万元

年份	充电车辆（辆）	充电电量	购电电费	营业收入	运营成本	税金	利润	净现值
1	136	99	77	166	210	6	−127	−4707
2	208	152	118	254	210	9	−82	−4789

年份	充电车辆 (辆)	充电电量	购电电费	营业收入	运营成本	税金	利润	净现值
3	280	204	159	342	210	12	−38	−4827
4	352	257	199	430	210	15	6	−4821
5	424	310	240	518	210	18	50	−4771
6	496	362	281	606	210	21	94	−4676
7	568	415	322	694	210	24	139	−4538
8	640	467	362	782	210	27	183	−4355
9	712	520	403	870	210	30	227	−4128
10	784	572	444	958	210	33	271	−3857
11	856	625	485	1046	210	36	315	−3542
12	928	677	525	1134	210	39	360	−3182
13	990	723	560	1210	210	42	398	−2784
14	990	723	560	1210	210	42	398	−2387
15	990	723	560	1210	210	42	398	−1989
16	990	723	560	1210	210	42	398	−1592
17	990	723	560	1210	210	42	398	−1194
18	990	723	560	1210	210	42	398	−796
19	990	723	560	1210	210	42	398	−399
20	990	723	560	1210	210	42	398	−1
21	990	723	560	1210	210	42	398	396

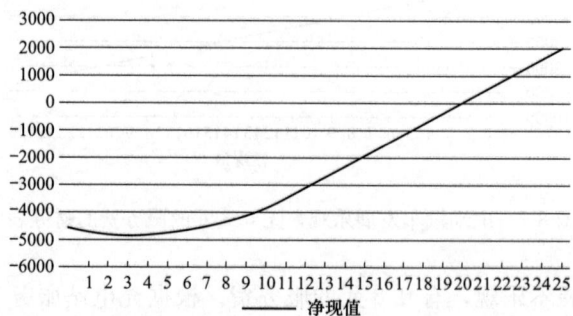

图 8-8 电动汽车发展不乐观，有 0.8 元的服务费净现值

算例结论：①理想情况下，充电车辆第一年 200 辆，第二年 500 辆，第三年 900 辆，第四年达到饱和 990 辆，充电站收 0.8 元/kWh 服务费，运营 14 年净现值为正，说明收回了成本。是经营情况最好的。②如果电动汽车发展数量理想，但是国家没有充电服务费 0.8 元/kWh 的收入，则利润都是负值。说明国家的政策支持，对电动汽车充电站的发展具有重要作用。③如果未来三年通过该电动汽车快速充电站日平均需要补电的电动汽车大

概为 65 辆、136 辆和 208 辆，并且充电站收 0.8 元/kWh 服务费，需要运营 21 年净现值才能为正。

通过上述算例可见，电动汽车快充站在电动汽车发展迅速、有国家政策支持的基础上，能够盈利。国家政策的支持对电动汽车快充站的发展起着重要作用。

8.6　敏　感　性　分　析

敏感性分析对与快充设施项目的投资决策和经济效益有着重要作用，通过敏感性分析可以研究内外部因素变动将引起经济效益评价值变动情况，找出影响快充设施建设项目经济效益的敏感因素，并进一步分析与之有关的预测或估算数据可能产生的不确定性的根源。

8.6.1　影响因素的选择

通过分析，可以得到 6 个一级因素，13 个二级因素。对上述因素进行敏感性评价，邀请 5 名电动汽车充换电设施建设专家，5 名电力公司高层管理人员组成评审小组，运用专家调查列举法对上述因素进行打分，来确定其中影响较大的因素及其发生概率。

1. 建立多层次评价指标

建立快充设施规划因素敏感性评价指标体系中的多层次评价指标，用 U 表示。

目标层为：影响因素发生的概率和影响的大小，首先针对影响因素发生概率进行评价。

其中一级因素为

$$U = \{U_1, U_2, U_3, U_4, U_5\}$$

$$= \left\{ \begin{array}{c} 法规政策调整, 企业经营及用户行为, \\ 行业技术, 规划建设, 市场经济 \end{array} \right\}$$

二级因素为

$$U_1 = \{U_{11}, U_{12}, U_{13}\} = \{补贴政策调整, 充电电价调整, 环保法规调整\}$$

$$U_2 = \{U_{21}, U_{22}, U_{23}\} = \{企业竞争, 企业能力, 用户行为\}$$

$$U_3 = \{U_{31}, U_{32}\} = \{充换电技术路线调整, 技术革新进步\}$$

$$U_4 = \{U_{41}, U_{42}, U_{43}\} = \{充电站网络布局, 充电站建设规模, 充电站建造\}$$

$$U_5 = \{U_{51}, U_{52}\} = \{经济因素, 市场融资\}$$

其层次分析模型如图 8-9 所示。

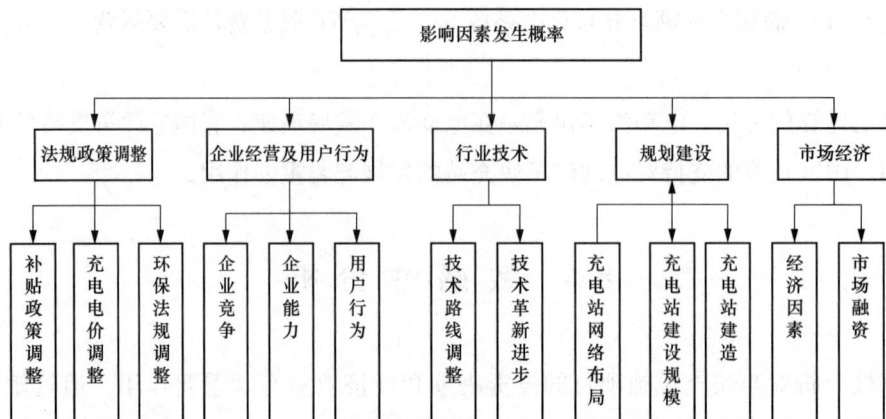

图 8-9 影响因素发生概率指标层次分析模型

2. 指标权重集的确定

通过调研多位专家意见，分别就上述模型中所建立的一级指标及其下属各二级指标构造对应的判断矩阵如下。

影响因素发生概率一级指标判断矩阵

$$A = \begin{bmatrix} 1.0000 & 3.0000 & 6.0000 & 3.0000 & 4.0000 \\ 0.3333 & 1.0000 & 3.0000 & 3.0000 & 3.0000 \\ 0.1667 & 0.3333 & 1.0000 & 0.3333 & 0.5000 \\ 0.3333 & 0.3333 & 3.0000 & 1.0000 & 2.0000 \\ 0.2500 & 0.3333 & 2.0000 & 0.5000 & 1.0000 \end{bmatrix}$$

法规政策调整判断矩阵

$$A_1 = \begin{bmatrix} 1.0000 & 2.0000 & 3.0000 \\ 0.5000 & 1.0000 & 2.0000 \\ 0.3333 & 0.5000 & 1.0000 \end{bmatrix}$$

企业经营及用户行为判断矩阵

$$A_2 = \begin{bmatrix} 1.0000 & 0.3333 & 0.2000 \\ 3.0000 & 1.0000 & 0.3333 \\ 5.0000 & 3.0000 & 1.0000 \end{bmatrix}$$

行业技术判断矩阵

$$A_3 = \begin{bmatrix} 1.0000 & 0.5000 \\ 2.0000 & 1.0000 \end{bmatrix}$$

规划建设判断矩阵

$$A_4 = \begin{bmatrix} 1.0000 & 0.3333 & 3.0000 \\ 3.0000 & 1.0000 & 4.0000 \\ 0.3333 & 0.2500 & 1.0000 \end{bmatrix}$$

市场经济判断矩阵

$$A_5 = \begin{bmatrix} 1.0000 & 2.0000 \\ 0.5000 & 1.0000 \end{bmatrix}$$

计算判断矩阵特征根，得到各判断矩阵的最大特征根 λ_{max} 分别为 5.1929，3.0092，3.087，2.0000，3.0741，2.0000，由此可以对判断矩阵进行一致性检验，得到 CR 分别为 0.0430，0.0089，0.0372，0.0000，0.0713，0.0000，均小于 0.1，表示具有满意或完全一致性，说明权系数的分配是合理的。进而计算最大特征根对应的特征向量如下

$$W = (0.4488, 0.2457, 0.0607, 0.1490, 0.0958)$$
$$W_1 = (0.5390, 0.2973, 0.1638)$$
$$W_2 = (0.3333, 0.6667)$$
$$W_3 = (0.6000, 0.2000, 0.2000)$$
$$W_4 = (0.2721, 0.6080, 0.1199)$$
$$W_5 = (0.3333, 0.6667)$$

同理，上述方法可以得到针对影响大小的评价结果。理论上我们将影响因素发生概率与影响大小的比重设为 1:1，因此综合发生概率和影响大小的评价结果，按照其所占权重可以得到快充设施项目因素敏感性评价指标的重要性排序见表 8-9。

表 8-9　　　　　　　　　快充设施两级因素敏感性评价指标权重排序

	一级指标	排序	二级指标	排序
外部因素	法规政策调整 U_1	1	补贴政策调整 U_{11}	3
			充电电价调整 U_{12}	2
			环保法规调整 U_{13}	8
	企业经营及用户行为 U_2	3	企业竞争 U_{21}	12
			企业能力 U_{22}	9
			用户行为 U_{23}	4
外部因素	行业技术 U_3	2	技术路线调整 U_{31}	1
			技术革新进步 U_{32}	6
内部因素	规划建设 U_4	4	充电站网络布局 U_{41}	10
			充电站建设规模 U_{42}	5
			充电站建造 U_{43}	13
外部因素	市场经济 U_5	5	经济因素 U_{51}	7
			市场金融 U_{52}	11

根据表 8-9 中因素敏感性评价的结果可以得到如下结论。

（1）快充设施项目规划的因素中的外部因素的影响程度明显高于内部因素。主要由于电动汽车产业的特殊性，电动汽车作为一种新兴产品，政府、企业及用户对电动汽车及其配套充电服务的探索是一个循序渐进的过程，电动汽车未来的具体情况无法确定。

（2）在外部因素中，法规政策的调整、行业技术、企业经营及用户行为是影响快充设施的主要因素，市场经济是次要因素。

（3）二级指标因素中，排名前 7 位的为技术路线调整、充电电价调整、补贴政策调整、用户行为、充电站建设规模、技术更新进步以及经济因素。以下将针对这几个风险因素来进行其对快充设施经济性的单因素敏感性分析。

8.6.2 算例分析

以下采用单因素敏感性分析法，分析筛选出的影响电动汽车快充设施经济效益的主要影响因素及其敏感性程度。引入敏感系数（T）来表示项目评价指标对不确定因素的敏感性程度。其表达式如下

$$T = \frac{\Delta y}{\Delta x} \tag{8-21}$$

式中：Δx 为不确定因素 x 的变化率；Δy 为不确定因素 x 发生变化时评价指标 y 的相应变化率。T 的绝对值越大，表明评价指标 y 对于不确定因素 x 敏感性越高；反之，则表示 y 对不确定因素 x 不敏感。

根据因素敏感性评价的结果，针对技术路线调整、充电电价调整、补贴政策调整、用户行为、充电站建设规模、技术更新进步以及经济因素等因素来进行其对快充设施经济性的单因素敏感性分析。

补贴政策的调整以及用户行为主要通过该充电站的电动汽车车流量以及用户偏好充电时间来表现，从而影响到该充电站年充电量以及充电价格，从而对充电站运营成本中的电费成本产生影响；充电站的建设规模由充电站中充电机的数量来体现；技术更新进步主要通过由于技术进步引起的充电服务费降低率来体现；经济因素则通过所得税率的降低或提高来体现。

在充电站处于理想运营状态下，即每天服务 990 辆电动汽车的基础上进行单因素敏感性分析

$$
\begin{aligned}
\text{NPV} = &-\left[(C_a + C_l q_1 + C_{R\&D} + C_m + C_{ob}) + (C_e f + C_t + C_p + C_s)\right] \\
&- \sum_{t=1}^{T} (C_{chr} + C_{mt} + C_{dep} + C_{mal} + C_o) \left(\frac{1}{1+\beta}\right)^t \\
&+ \sum_{t=1}^{T} \frac{\left[(C_a + C_l q_1 + C_{R\&D} + C_m + C_{xl}) + (C_e f + C_t + C_p + C_s)\right]}{T} \tau \left(\frac{1}{1+\beta}\right)^t \\
&+ \sum_{t=1}^{T} O\{LE_s DM[C_{es} + C_{ss}(1-\rho)^{t-1}] + R_0\}(1-\tau)\left(\frac{1}{1+\beta}\right)^t
\end{aligned} \tag{8-22}
$$

根据 8.5 中的算例分析结果可知，考虑技术进步后，当充电站建设 25 年后，该充电站

的净现值为 1492.5 万元。根据 NPV 公式，模拟影响因素降低 10％、20％和增大 10％、20％情况下充电站收益的变化情况，计算得到不同因素变化幅度不同的情况下净现值的变化情况见表 8-10。

表 8-10　　　　　　　　　　　不同因素变化幅度下净现值变化

影响因素　　　　因素变化幅度	−20％	−10％	0	10％	20％
年充电量	−4859.2	−1631.7	1492.5	4823.3	8050.9
充电价格	−2434.8	−419.5	1492.5	3611.1	5626.4
电费成本	6591.1	4057.5	1492.5	−865.82	−3327.4
充电机数量	1906.4	1751.5	1492.5	1441.6	1286.6
服务费降低比率	1513.2	1502.8	1492.5	1482.1	1471.8
所得税率	1717.7	1605.1	1492.5	1379.9	1267.2

为了直观地比较几种因素的变动程度，将上述计算的净现值转换为的净现值变动率，见表 8-11。

表 8-11　　　　　　　　　　不同因素变化幅度下的净现值变动率

影响因素　　　　因素变化幅度	−20％	−10％	10％	20％
年充电量	−425.57％	−209.33％	223.17％	439.42％
充电价格	−263.14％	−128.11％	141.95％	276.98％
电费成本	341.61％	171.86％	−158.01％	−322.94％
充电机数量	27.73％	17.35％	−3.41％	−13.80％
服务费降低比率	1.39％	0.69％	−0.70％	−1.39％
所得税率	15.09％	7.54％	−7.54％	−15.10％

利用单因素分析法，将表 8-8 中的数值代入敏感性系数计算公式（8-22）中，可得到 NPV 影响因素的敏感性系数表，见表 8-12。

表 8-12　　　　　　　　　　NPV 影响因素的敏感性系数表

影响因素　　　　因素变化幅度	−20％	−10％	10％	20％	敏感性系数均值
年充电量	21.28	20.93	22.32	21.97	21.62
充电价格	13.16	12.81	14.19	13.85	13.50
电费成本	−17.08	−17.19	−15.80	−16.15	−16.55
充电机数量	−1.39	−1.74	−0.34	−0.69	−1.04
服务费降低比率	−0.07	−0.07	−0.07	−0.07	−0.07
所得税率	−0.75	−0.75	−0.75	−0.75	−0.75

由表 8-12 可见，①年充电量、充电价格对 NPV 产生正的影响，其中年充电量的敏感性系数高于充电价格，其均值为 21.62%，在变化幅度为 10% 时达到最大。这表明，年充电量对 NPV 的影响略高于充电价格，即由于充电单价一般数值较小，通过销售量的增多来促进 NPV 的提升要比单纯提价效果明显。②电费成本、充电机数量、服务费降低比率和所得税率对 NPV 产生负的影响。其中，对 NPV 影响较大的因素为电费成本，且在变化幅度为 −10% 时敏感性系数最大，这表明，电费成本的提高将会对充电站的 NPV 产生重要影响，这与大多数以电能作为主要能源供给的企业一样。

9 快充模式下电动汽车充电设施技术综合评价体系

本章从电动汽车充电设施技术综合性能出发，就容量评估、效率、可靠性、负荷特性、用户体验五个方面，提出共 19 项二级技术综合性能指标，指标内容涉及充电设施规划、运行和管理的各个方面，直接或间接地影响着充电设施的成本支出或收益，进而对经济性产生影响。

本章的研究思路如下：步骤一，提出电动汽车充电设施综合指标，包括容量评估、效率、可靠性、负荷特性、用户体验五个方面，19 项二级技术综合性能指标；步骤二，依据指标，确定评价对象，构造评价因素集；步骤三，构造判断矩阵，并进行一致性检验，由此确定指标权重集，得到各个层次指标的权重大小；步骤四，确定评价对象的评语集，并确定对不同指标的隶属度的确定，由此得到一套完整的评分标准，让整个评价有据可依；步骤五，依据上述步骤，运用评分标准对评价对象进行评价，计算得到最终结果。流程如图 9-1 所示。

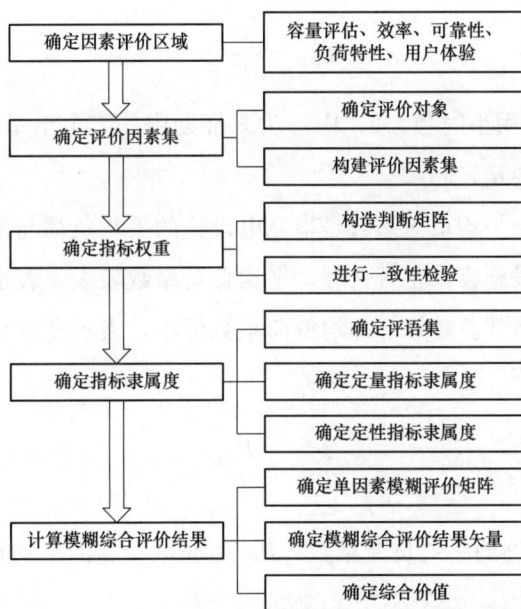

图 9-1　综合指标评价流程图

9.1 技术综合指标的提出

9.1.1 容量评估指标

充电设施容量评估指标（见图 9-2）包括设备利用小时数、平均负荷系数、需用系数、站用电率四项指标，主要从日常运行的负荷时间、平均负荷、最大负荷、容量等方面衡量充电设施容量建设是否合理。

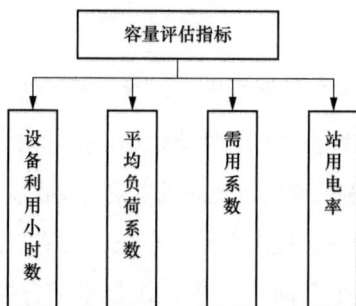

图 9-2 容量评估指标

（1）设备利用小时数。设备利用小时数表示充电设施利用程度的指标，它指的是一定时期内充电设施在满负荷运行条件下的运行小时数。设备利用小时数越低，充电设施的利用程度越低，证明该充电设施的经济效益较差。设备利用小时数可用式（9-1）计算

$$T_{utl} = \frac{W_{char}}{P_{cap}} \tag{9-1}$$

式中：T_{utl} 为设备利用小时数，h；W_{char} 为采样期内的充电电量，kWh；P_{cap} 为采样期内可用的充电设施额定容量，kW。

（2）平均负荷系数。平均负荷系数是指充电设施的平均负荷与额定负荷之比，从平均负荷的角度来衡量充电设施容量是否合理，平均负荷系数较大，表示充电设施等效运行时间较长，利用率高，经济效益较好；平均负荷系数较小，表示充电设施利用率低，经济效益较差。其计算公式如下

$$\lambda_{avg} = \frac{P_{avg}}{P_e} \tag{9-2}$$

式中：λ_{avg} 为充电设施的平均负荷系数；P_{avg} 为充电设施的平均负荷，kW；P_e 为充电设施额定负荷，kW。

（3）需用系数。需用系数是指充电设施从电网实际取用的最大负荷与额定负荷之比，

从忙时最大负荷的接纳角度来衡量充电设施群容量是否合理。需用系数较大，表示充电设施忙时运行负荷较大，规划合理，利用率高，经济效益较好；需用系数较小，表示充电设施忙时运行负荷较低，利用率低，经济效益较差。其计算公式为

$$\lambda_{\text{need}} = \frac{P_{\max}}{P_e} \tag{9-3}$$

式中：λ_{need} 为充电设施的需用系数；$P_{\max}$ 为充电设施取用的最大负荷，kW；P_e 为充电设施额定负荷，kW。

（4）站用电率。站用电率表示站内用于满足办公用电、监控用电等非充电设备用电，是站内自用电量与总用电量的百分比，是站内用电消耗水平的具体反映，属于成本型指标。具体计算方法如下

$$C = \frac{W_{\text{total}} - W_{\text{use}}}{W_{\text{total}}} \times 100\% \tag{9-4}$$

式中：C 为充电站的站用电率；W_{total} 为充电站总用电量，kWh；W_{use} 为充电设备用电量，kWh。

9.1.2　效率指标

充电设施的效率指标包含充电效率、功率因数、单位面积输出电量、单枪输出电量、充电计划完成率等五项指标，如图 9-3 所示，效率指标反映充电设施的生产力水平，用以衡量充电设施的工作能力，充电设施工作能力的强弱将直接影响充电设施的经济性能。这五项指标具体内容和计算方式如下。

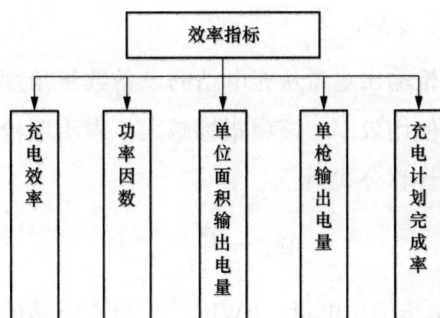

图 9-3　效率指标

（1）充电效率。充电设施的充电效率是充电桩输出电量与输入电量的比值，反映充电设备的电能转化效率，计算公式为

$$\eta_{\text{char}} = \frac{W_{\text{out}}}{W_{\text{in}}} \times 100\% \tag{9-5}$$

式中：η_{char} 为充电设施充电效率；W_{out} 为所有充电设备的输出电量，kWh；W_{in} 为充电设备交流输入电量，kWh。

充电效率与充电机类型、环境温度、运行特点等有关，充电效率会从以下两方面影响充电设施的经济性能：①充电效率高的设备电能的转化效率较高，在充电服务过程中充等量的电时其用电成本较低；②针对同样类型的电池充满相同的电量，充电效率高的设备在等量时间内可服务更多的车辆，如此收益会较高。

（2）功率因数。功率因数的大小与设备的负荷性质有关，是衡量充电设施效率高低的一个系数。功率因数低，说明设备的利用率低，增加了线路供电损失。快充设施多为直流充电桩，直流充电桩一般为非线性设备，功率因数指标相当于公共电网对充电设施的要求。当功率因数过低时，充电站需要增设无功补偿设备将功率因数提高到要求值，不仅提高供电系统的稳定性，也会为充电站带来经济效益。这里选取设备在 50％负载以上时的功率因数，计算公式为

$$\cos\varphi = \frac{P}{S} \tag{9-6}$$

式中：P 为有功功率；S 为视在功率。

（3）单位面积输出电量。单位面积输出电量可以从充电站占地面积规划角度反映充电站的生产效率，该项指标值越大，表示单位面积产出越多，经济效益越好。它是充电站的输出电量与其占地面积的比值，对应可以计算每平方米的销售额，计算公式为

$$W_m = \frac{W_{char}}{S_{char}} \tag{9-7}$$

式中：W_m 为充电站平均单位面积输出电量，kWh/m²；S_{char} 为充电站占地面积，m²；W_{char} 为采样期内的充电电量，kWh。

（4）单枪输出电量。单枪输出电量从充电站的设备数量角度反映其生产效率，它衡量的是充电设施内单个设备的使用效率，该项指标越大，表示单枪充电服务量越高，它是输出电量与设备总数的比值，计算公式为

$$W_q = \frac{W_{char}}{N_q} \tag{9-8}$$

式中：W_q 为充电站的单枪输出电量，kWh；N_q 为充电站的总枪数；W_{char} 为采样期内的充电电量，kWh。

（5）充电计划完成率。充电计划完成率是实际输出电量与可能输出电量的比值，反映充电站的计划完成情况。指标值越大，代表计划完成越好，指标值可以大于 100％，当指标长期偏离 100％时，需要考虑调整营销计划。计算公式为

$$A = \frac{W_{char}}{W_{plan}} \times 100\% \tag{9-9}$$

式中：A 为充电站本期的充电计划完成率；W_{plan} 为充电站本期的计划输出电量，kWh；W_{char} 为采样期内的充电电量，kWh。

9.1.3　可靠性指标

运行可靠性指标（见图 9-4）包含平均无故障时间、平均故障修复时间、设备可利用率三项指标，用以衡量充电设施运行可靠性的高低。从规划角度来讲，当我们为了保证设备较高的可靠性时，就需要更高的投资，经济性较差，而本节中考虑的可靠性属于规划建设已经完成、充电设施已投入运行的可靠性。一般而言，运行可靠性越高，其服务质量较高，且用于维修的费用较低，经济性越好。

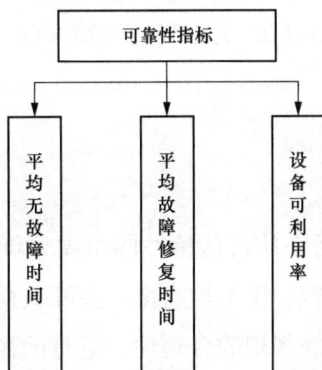

图 9-4　可靠性指标

（1）平均无故障时间。平均无故障时间（Mean Time Between Failures，MTBF），反映的是充电设施的时间质量，体现充电设施在规定时间内保持正常运行的一种能力。具体来说，是指相邻两次故障之间的平均工作时间，也称为平均故障间隔。MTBF 值越大，表示设备时间质量越高，经济性越好。规定充电设施在总的使用阶段累计正常运行时间与故障次数的比值为 MTBF，计算公式为

$$\text{MTBF} = \frac{T_\circ}{K} \tag{9-10}$$

式中：$T_\circ$ 为采样期内充电设施累计正常运行时间，h；K 为采样期内充电设施的故障次数。

（2）平均故障修复时间。平均故障修复时间（Mean Time To Repair，MTTR），MTTR 可认为是充电设施的恢复时间作为随机变量的期望值。它包括发现事故所需时间、维护或维修所需时间、维修团队响应时间、设备重新投入使用的时间等，它的值越小说明设备的可靠性越高，经济性越好。MTTR 的计算公式为

$$\text{MTTR} = \frac{\sum_{i=1}^{K} T_{i,r}}{K} \qquad (9\text{-}11)$$

式中：$T_{i,r}$ 为第 i 次故障的修复时间，h；K 为采样期内充电设施的故障次数。

（3）设备可利用率。设备可利用率也称为平均有效度或时间开动率，它表示可维修的设备在某一段时间内维持其性能的概率，用以衡量设备的可靠性和可维修性，反映充电设施的停机损失，是一个小于 1 的正数。设备的 MTTR 越短，其平均有效度接近 1，说明设备的性能越好，经济性越高。设备可利用率可以用 MTBF 和 MTTR 计算，公式为

$$B = \frac{\text{MTBF}}{\text{MTBF} + \text{MTTR}} \times 100\% \qquad (9\text{-}12)$$

式中：B 为设备可利用率；MTBF 为平均无故障时间，h；MTTR 为平均故障修复时间，h。

9.1.4　负荷特性指标

负荷特性指标（见图 9-5）旨在从负荷特性的角度分析充电设施的经济性，包括日峰谷差率、日负荷率、月不平衡系数、年不均衡率、尖峰负荷持续时间五项指标。负荷特性指标以电网的立场来讨论充电设施规划的合理性、运行的稳定性和利用率等，用来对充电站规划和运行进行经济性分析。

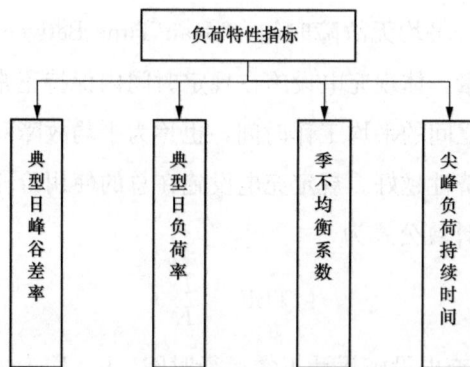

图 9-5　负荷特性指标

（1）典型日峰谷差率。选取典型日作为研究日，计算日最大负荷、最小负荷、日峰谷差，日峰谷差率是日峰谷差与日最大负荷的比值，充电设施的峰谷差率反映设备运行的波动程度，峰谷差率越大，表示全天内充电负荷波动越大，不利于电网稳定和调度，经济性较差。日峰谷差率的计算公式为

$$\lambda_{\mathrm{gap}} = \frac{P_{\max} - P_{\min}}{P_{\max}} \times 100\% \tag{9-13}$$

式中：λ_{gap} 为充电设施运行典型日的日峰谷差率；$P_{\max}$ 为典型日的最大负荷，kW；$P_{\min}$ 为典型日的最小负荷，kW。

（2）典型日负荷率。日负荷率是日平均负荷与日最大负荷的比值，可以体现充电设施的用电特性，用以衡量充电设施的利用程度，具体计算公式为

$$\lambda_{\mathrm{load}} = \frac{P_{\mathrm{avg}}}{P_{\max}} \times 100\% \tag{9-14}$$

式中：λ_{load} 为充电设施运行典型日的日峰谷差率；$P_{\max}$ 为典型日的最大负荷，kW；P_{avg} 为典型日的平均负荷，kW。

（3）季不均衡系数。季不均衡系数是一项年负荷特性指标，是全年各月最大负荷的平均值与年最大负荷的比值，它表示一年内月最大负荷变化的不均衡性，与年负荷曲线的波动性和年最大负荷出现的时间有关，而影响年负荷曲线形状的主要因素是负荷的季节变化、充电设备的大修及负荷在年内的增长。在充电电量相等的情况下，电动汽车冬季在户外充电桩充电时，需要比夏季用更多的电，这是因为气温较低时，用于加热汽车电池所需的那部分电量增大，导致总用电量增大。因此季不均衡系数一定程度上可以用于对比室内和室外充电桩的经济效益。其计算公式为

$$\lambda_{y,\mathrm{unb}} = \frac{\frac{1}{12}\sum\limits_{i=1}^{12} P_{i,\max}}{P_{y,\max}} \times 100\% \tag{9-15}$$

式中：$\lambda_{y,\mathrm{unb}}$ 为年不均衡率；$P_{i,\max}$ 为第 i 月的最大负荷，kW；$P_{y,\max}$ 为年最大负荷，kW。

（4）尖峰负荷持续时间。尖峰负荷持续时间是指本期的充电设施负荷较高时间段的负荷值所持续的时间。它体现充电设施以较高负荷运行的时间长短，JGJ 16—2008《民用建筑电气设计规范》第 4.3.2 条规定，配电变压器的长期工作负荷率不宜大于 85%。当尖峰负荷持续时间较长，变压器得不到休息，会直接影响变压器的寿命。当尖峰负荷持续时间较长时，充电站就要考虑是否需要扩容。这里研究的尖峰负荷包括 $90\% P_{\max}$、$95\% P_{\max}$、$97\% P_{\max}$。

9.1.5 用户体验指标

用户体验指标（见图 9-6）包含噪声、平均排队时间、平均充电时间等三项指标，直接反映用户在使用充电设施时便利性和舒适性，影响用户对充电设施的主观评价和前来充电的车流量，从而影响充电设施收益。

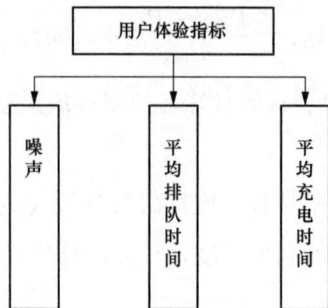

图 9-6　用户体验指标

（1）噪声。充电设施的噪声一般来源于电磁作用，它工作过程中噪声的大小会影响用户使用充电设施的舒适性。一般噪声高过 50dB，就对人类日常工作生活产生有害影响，因此环境噪声标准中，商业区域内噪声一般要求不高于 50～60dB。规定在额定负载和周围环境噪声不大于 40dB 的条件下，距充电机水平位置 1m 处测得的噪声最大值不应大于 65dB。

（2）平均排队时间。平均排队时间是指车辆从到达充电地点开始至充上电为止所耗费的时间的期望值，反映一辆车在充电前需要排队的时间长短。排队系统简图如图 9-7 所示，其中，平均排队时间是指等待服务的时间。

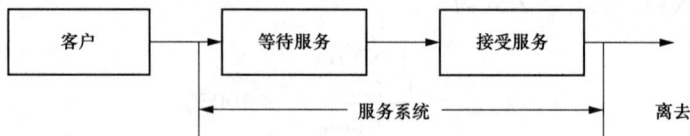

图 9-7　排队系统简图

影响车辆平均排队时间的因素主要为充电机数量（g）、待充电车辆数量 [$x_{(t)}$，是一个关于时间的函数] 一般当 $x_{(t)} > g$ 时，充电站内会形成充电队列。排队时间过长将耗费用户较多的时间成本，降低用户使用便利性，可能会造成用户流失，间接影响设施的经济性。平均排队时间是一个统计量，具体可由以下式计算

$$T_{\text{line}} = \frac{\sum_{i=1}^{n} T_{i,\text{line}}}{n} \times 100\% \tag{9-16}$$

式中：T_{line} 为车辆进入充电站时的期望排队时间，即平均排队时间，min；$T_{i,\text{line}}$ 为采样期内中第 i 辆车的实际排队时间，min；n 表示采样期内服务的车辆总数。

（3）平均充电时间。平均充电时间是指图 9-7 中接受服务的时间，即车辆从开始充电至结束充电所耗费的时间期望值，反映一辆车充电所需时间长短。平均充电时间取决于车辆电池类型、电池充电前的 SOC 水平、充电功率等，车辆之间电池类型相差不大，同样车

型的充电功率也近似相同，而电池充电前的 SOC 水平取决于车辆行驶里程，也与用户的充电行驶成本有关。若车辆充电时间较长，一方面用户使用的便利性较差，另一方面等量时间内充电设施服务的车辆较少，经济效益较低。与平均排队时间一样，平均充电时间也是一个统计量，可由下式计算

$$T_{\text{char}} = \frac{\sum_{i=1}^{n} T_{i,\text{char}}}{n} \times 100\% \tag{9-17}$$

式中：T_{char} 表示车辆进入充电站时的期望充电时间，即平均充电时间，min；$T_{i,\text{char}}$ 表示样本中第 i 辆车的实际充电时间，min。

9.2 技术综合指标评价体系

本节将依据层次分析法和模糊综合评价方法建立综合指标评价模型。层次分析法是将与决策总是有关的元素分解成目标、准则、方案等层次，在此基础之上进行定性和定量分析的决策方法。各指标权重的确定需要专家的知识和经验，具有一定的缺陷，采用层次分析法来确定各指标的权系数，可以使其更具合理性，更符合客观实际并易于定量表示，从而提高模糊综合评判结果的准确性。综合评价中常常涉及大量的复杂现象和多种因素的相互作用，模糊综合评价是以模糊数学为基础，应用模糊关系合成的原理，将一些边界不清、不易定量的因素定量化，进行综合评价的一种方法。下面将运用这两种方法，针对快充模式下的充电设施建立技术综合性能评价模型。

9.2.1 建立多层次评价指标

进行综合评价之前需要依据评价对象的具体情况，将复杂问题分解为各个组成部分，这些组成部分按属性不同分为若干组，并用框图形式来表明因素的从属关系和层次间的递阶结构关系，如图 9-8 所示。

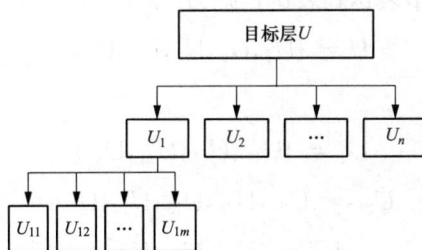

图 9-8 层次关系图

针对充电设施技术综合性能，选取容量评估、效率、可靠性、负荷特性、用户体验共

5 个一级指标和 19 个二级指标建立充电设施技术综合性能评价体系。具体步骤如下。

（1）确定评价对象

$$P=快充电站技术综合性能评价$$

（2）构造评价因素集。

一级指标集合：

$$U=\{U_1,U_2,U_3,U_4,U_5\}=\{容量评估,效率,可靠性,负荷特性,用户体验\}$$

二级指标见表 9-1。

表 9-1 　　　　　　　　　　　　充电设施经济性能评价层次结构表

目标层	一级指标	二级指标
充电设施经济性评价 U	容量评估指标 U_1	设备利用小时数 U_{11} 平均负荷系数 U_{12} 需用系数 U_{13} 站用电率 U_{14}
充电设施经济性评价 U	效率性指标 U_2	充电效率 U_{21} 功率因数 U_{22} 单位面积输出电量 U_{23} 单枪输出电量 U_{24} 充电计划完成率 U_{25}
充电设施经济性评价 U	可靠性指标 U_3	平均无故障时间 U_{31} 平均故障修复时间 U_{32} 设备可利用率 U_{33}
充电设施经济性评价 U	负荷特性指标 U_4	典型日峰谷差率 U_{41} 典型日负荷率 U_{42} 季不均衡系数 U_{43} 尖峰负荷持续时间 U_{44}
充电设施经济性评价 U	用户体验指标 U_5	噪声 U_{51} 平均排队时间 U_{52} 平均充电时间 U_{53}

若将上述层次结构用数学表达式表达，则为

$$U=\{U_1,U_2,U_3,U_4,U_5\}$$

式中

$$U_1=\{U_{11},U_{12},U_{13},U_{14}\}$$
$$U_2=\{U_{21},U_{22},U_{23},U_{24},U_{25}\}$$
$$U_3=\{U_{31},U_{32},U_{33}\}$$
$$U_4=\{U_{41},U_{42},U_{43},U_{44}\}$$
$$U_5=\{U_{51},U_{52},U_{53}\}$$

其层次分析模型如图 9-9 所示。

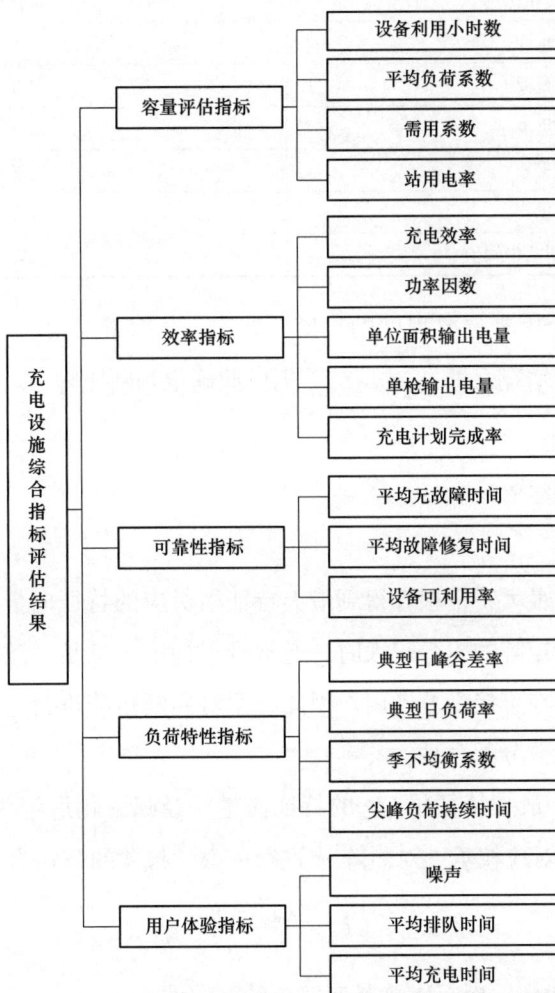

图 9-9 技术综合性能指标层次分析模型

9.2.2 指标权重集的确定

1. 构造判断矩阵

对于快充设施的多层综合指标，在没有大量数据和经验的情况下，给出各因素的权重比较困难。这里运用层次分析法，采用两两比较的方法，将同一组内所有因素进行两两对比。本文从层次结构模型的第 2 层开始，对于从属于（或影响）上一层每个因素的同一层诸因素，使用成对比较法和 1-9 比较尺度来确定比较因素的相对重要程度的取值，构造"成对比较阵"，直到最上层。1-9 取值见表 9-2。

表 9-2 1-9 标 度 表

两因素相比	量化值
同等重要	1
稍微重要	3
比较重要	5
十分重要	7
绝对重要	9
两相邻判断的中间值	2，4，6，8

若 a_{ij} 用来表示两个因素重要程度的比值，即第 i 个因素对第 j 个因素的相对重要度；其倒数表示对应的相反情况，即 $a_{ij}=1/a_{ji}$，则由此确定判断矩阵

$$A = (a_{ij})_{n\times n} \tag{9-18}$$

其中，n 为矩阵的阶数。

2. 一致性检验

计算各判断矩阵的最大特征根，得到最大特征根对应的特征向量，此特征向量即为所求的权系数。但当判断矩阵的阶数较大时，通常难于构造出满足一致性的矩阵来。判断矩阵偏离一致性条件应有在可接受范围内，因此必须对判断矩阵进行一致性检验。当一致性检验通过时，说明权系数分配合理。

对应于判断矩阵 A 最大特征根 $\lambda_{\max}$ 的特征向量，经归一化后记为 $W=(w_1，w_2，\cdots，w_n)$，W 的元素为该级对应权重。对矩阵 A 进行一致性检验的公式为

$$CI = \frac{\lambda_{\max} - n}{n-1} \tag{9-19}$$

CI 为一致性检验指标，当 $CI=0$ 具有完全的一致性；

CI 接近 0，具有满意的一致性；

CI 越大，不一致性越严重。

为衡量不同阶数的 CI 大小，引入随机一致性指标 RI，其值见表 9-3。

表 9-3 随机一致性指标 RI

阶数	1	2	3	4	5	6	7	8	9	10
RI	0	0	0.58	0.90	1.12	1.24	1.32	1.41	1.45	1.49

运用一致性比率公式来判断 A 是否满足要求。一致性比率公式为

$$CR = \frac{CI}{RI} \tag{9-20}$$

一般 $CR<0.1$ 时，认为 A 的不一致程度在容许范围之内，具有满意的一致性，通过

一致性检验。可用其归一化后的特征向量 W 作为指标的权向量，否则需要重新构造判断矩阵 A。

由以上方法，可以确定出各个层次的权重矩阵。将二级指标层对一级指标层的权重矩阵记为 W_k，其中 $k=1，2，3，4，5$，表示五个一级指标。一级指标层对目标层的权重矩阵记为 W。

9.2.3 隶属度的确定

1. 评语集的确定

采用五级评语，分别是优、良、中、合格、差，其隶属度关系见表 9-4。

表 9-4   评 价 定 量 分 级 标 准

评价值		评语	等级
定量指标	定性指标		
$0.85<\mu\leqslant1$	1	优	L1
$0.70<\mu\leqslant0.85$	0.8	良	L2
$0.60<\mu\leqslant0.70$	0.6	中	L3
$0.40<\mu\leqslant0.60$	0.4	合格	L4
$0<\mu\leqslant0.40$	0.2	差	L5

2. 定量评价指标隶属度的确定

对于定量指标，采用梯形隶属函数确定其隶属度。梯形隶属函数有升半梯形、降半梯形和中间梯形函数。升半梯形函数适用于指标值越大就越好的指标，其分布为

$$\mu(x)=\begin{cases}0 & x\leqslant a_1\\ \dfrac{x-a_1}{a_2-a_1} & a_1<x<a_2\\ 1 & x\geqslant a_2\end{cases} \tag{9-21}$$

升半梯形隶属函数曲线如图 9-10 所示。

降半梯形函数适用于指标值越小就越好的指标，其分布为

$$\mu(x)=\begin{cases}1 & x\leqslant a_1\\ \dfrac{a_2-x}{a_2-a_1} & a_1<x<a_2\\ 0 & x\geqslant a_2\end{cases} \tag{9-22}$$

降半梯形隶属函数曲线如图 9-11 所示。

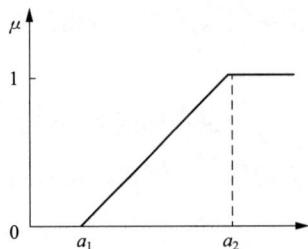

图 9-10　升半梯形隶属函数曲线　　　　图 9-11　降半梯形隶属函数曲线

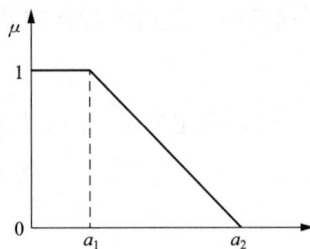

中间梯形函数适用于指标值越趋近于某一区间越好的指标，其分布为

$$\mu(x) = \begin{cases} 0 & x \leqslant a_1 \\ \dfrac{x - a_1}{a_2 - a_1} & a_1 < x < a_2 \\ 1 & a_2 \leqslant x \leqslant a_3 \\ \dfrac{x - a_3}{a_4 - a_3} & a_3 < x < a_4 \\ 0 & x \geqslant a_4 \end{cases} \tag{9-23}$$

中间梯形隶属函数曲线如图 9-12 所示。

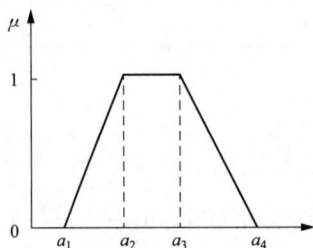

图 9-12　中间梯形隶属函数曲线

3. 定性评价指标隶属度的确定

对于定性指标，采用专家打分方式来确定指标的隶属度。首先，依据评语得出对应的评价分值（例如：优、良、中、合格、差分别对应分值 1、0.8、0.6、0.4、0.2）。然后，专家通过对评价对象全面、实际的了解，掌握其相关信息，对其定性指标表现给出评语，最后计算各个评语等级专家投票数的频率，作为单因素模糊评价向量。

9.2.4　模糊评价矩阵与综合评价值的计算

1. 充电站综合指标评分标准

因目前快充电站运行经验较少，这里将容量评估指标、负荷特性指标的全部，效率指标中的单位面积输出电量、单枪输出电量和充电计划完成率采用专家打分方式来确定其评分，其余定量指标依据隶属度函数来确定评分。

根据充电站运行维护技术中给出的电动汽车充电机的性能标准及技术要求（见表 9-5），将各项指标数值分为不同的等级，不同等级对应不同的评分。

表 9-5 电动汽车充电机性能标准及技术要求

技术指标项目	限值
充电效率	≥90%（50%以上负载）
功率因数	≥90%（50%以上负载）
平均无故障时间	≥8760h
噪声	≤65dB（水平 1m 处，环境噪声≤40dB）

（1）充电效率评分标准。《电动汽车充电系统技术规范 第 3 部分：非车载充电机》要求非车载充电机充电效率不应小于 90%，目前各厂家生产的非车载直流充电机充电效率基本可以达到 93%以上。因此将 a_1、a_2 的值分别设定为 90%和 93%，其评分标准见表 9-6

$$\mu(\eta_{char}) = \begin{cases} 0 & \eta_{char} \leqslant 90\% \\ \dfrac{\eta_{char}-90\%}{93\%-90\%} & 90\% < \eta_{char} < 93\% \\ 1 & \eta_{char} \geqslant 93\% \end{cases} \quad (9\text{-}24)$$

表 9-6 充电效率评分标准

等级	充电效率	评分
优	(92.55%, 100%]	(0.85, 1.00]
良	(92.1%, 92.55%]	(0.70, 0.85]
中	(91.8%, 92.1%]	(0.60, 0.70]
合格	(91.2%, 91.8%]	(0.40, 0.60]
差	(0, 91.2%]	(0, 0.40]

（2）功率因数评分标准。输出功率为额定功率的 50%～100%时，充电机的功率因数不应小于 0.90，工业用户功率因数标准应不低于 0.85，当低于 0.85 时，供电公司将向用户加收功率电费。因此将 a_1、a_2 的值分别设定为 0.85 和 0.90，其评分标准见表 9-7

$$\mu(\cos\varphi) = \begin{cases} 0 & \cos\varphi \leqslant 0.85 \\ \dfrac{\cos\varphi-0.85}{0.90-0.85} & 0.85 < \cos\varphi < 0.90 \\ 1 & \cos\varphi \geqslant 0.90 \end{cases} \quad (9\text{-}25)$$

表 9-7 功率因数评分标准

等级	功率因数	评分
优	(0.8925, 1]	(0.85, 1.00]
良	(0.885, 0.8925]	(0.70, 0.85]
中	(0.88, 0.885]	(0.60, 0.70]
合格	(0.87, 0.88]	(0.40, 0.60]
差	(0, 0.87]	(0, 0.40]

（3）平均无故障时间评分标准。电动汽车充电机性能标准中要求平均无故障时间要达到 8760h 以上，20~200kW 的非车载充电机技术指标要求平均无故障时间不小于 50000h，一般厂家生产的充电机平均无故障时间大多数处于这两组数字之间。因此将 a_1、a_2 的值分别设定为 8760 和 50000，其评分标准见表 9-8

$$\mu(\text{MTBF}) = \begin{cases} 0 & \text{MTBF} \leqslant 8760 \\ \dfrac{\text{MTBF} - 8760}{50000 - 8760} & 8760 < \text{MTBF} < 50000 \\ 1 & \text{MTBF} \geqslant 50000 \end{cases} \tag{9-26}$$

表 9-8 平均无故障时间评分标准

等级	平均无故障时间（h）	评分
优	(43814, ∞)	(0.85, 1.00]
良	(37628, 43814]	(0.70, 0.85]
中	(33504, 37628]	(0.60, 0.70]
合格	(25256, 33504]	(0.40, 0.60]
差	(0, 25256]	(0, 0.40]

（4）平均故障修复时间评分标准。目前电动汽车充电机平均故障修复时间的参考经验较少，考虑到电动汽车充电站与无人值守变电所系统相似、规模相当，因此将变电所系统平均修复时间 0.5~1h 作为参考，将 a_1、a_2 的值分别设定为 0.5 和 1，其评分标准见表 9-9

$$\mu(x) = \begin{cases} 1 & x \leqslant 0.5 \\ \dfrac{1-x}{1-0.5} & 0.5 < x < 1 \\ 0 & x \geqslant 1 \end{cases} \tag{9-27}$$

表 9-9 平均故障修复时间评分标准

等级	平均故障修复时间（h）	评分
优	(0, 0.575]	(0.85, 1.00]
良	(0.575, 0.65]	(0.70, 0.85]

续表

等级	平均故障修复时间（h）	评分
中	(0.65，0.70]	(0.60，0.70]
合格	(0.70，0.80]	(0.40，0.60]
差	(0.80，∞]	(0，0.40]

（5）设备可利用率评分标准。通过 MTBF 和 MTTR 可以计算设备的可利用率，当 MTBF 为 8760h，MTTR 为 1h，设备可利用率为 99.99%；当 MTBF 达到 50000h，MTTR 为 0.5h，设备可利用率可达到 99.999%。因此将 a_1、a_2 的值分别设定为 99.99% 和 99.999%，其评分标准见表 9-10

$$\mu(B) = \begin{cases} 0 & B \leqslant 99.99\% \\ \dfrac{B - 99.99\%}{99.999\% - 99.99\%} & 99.99\% < B < 99.999\% \\ 1 & B \geqslant 99.999\% \end{cases} \tag{9-28}$$

表 9-10　　　　　　　　　　　设备可利用率评分标准

等级	设备可利用率	评分
优	(99.998%，100%]	(0.85，1.00]
良	(99.996%，99.998%]	(0.70，0.85]
中	(99.995%，99.996%]	(0.60，0.70]
合格	(99.994%，99.995%]	(0.40，0.60]
差	(0，99.994%]	(0，0.40]

（6）噪声评分标准。依据电动汽车充电机性能标准和技术要求中规定，环境噪声在 40dB 以下时在充电机水平距离 1m 处测量，噪声应为 50～65dB，不可超过 65dB。因此将 a_1、a_2 的值分别设定为 50 和 65，其评分标准见表 9-11

$$\mu(x) = \begin{cases} 1 & x \leqslant 50 \\ \dfrac{65 - x}{65 - 50} & 50 < x < 65 \\ 0 & x \geqslant 65 \end{cases} \tag{9-29}$$

表 9-11　　　　　　　　　　　　噪 声 评 分 标 准

等级	噪声（dB）	评分
优	(0，52.25]	(0.85，1.00]
良	(52.25，54.5]	(0.70，0.85]
中	(54.5，56]	(0.60，0.70]
合格	(56，59]	(0.40，0.60]
差	(59，∞]	(0，0.40]

注　环境噪声≤40dB 时，水平充电机 1m 处测量。

（7）平均排队时间评分标准。金融行业的研究显示，若客户排队时间在 8min 以内，则 100% 的客户可以接受，仍然愿意继续等待；若客户等待时间在 30min 以上，则仅有 1.21% 的客户表示接受。因此将 a_1、a_2 的值分别设定为 8 和 30，其评分标准见表 9-12

$$\mu(T_{\text{line}}) = \begin{cases} 1 & T_{\text{line}} \leqslant 8 \\ \dfrac{30 - T_{\text{line}}}{30 - 8} & 8 < T_{\text{line}} < 30 \\ 0 & T_{\text{line}} \geqslant 30 \end{cases} \tag{9-30}$$

表 9-12 平均排队时间评分标准

等级	平均排队时间（min）	评分
优	(0, 11.3]	(0.85, 1.00]
良	(11.3, 14.6]	(0.70, 0.85]
中	(14.6, 16.8]	(0.60, 0.70]
合格	(16.8, 21.2]	(0.40, 0.60]
差	(21.2, ∞]	(0, 0.40]

（8）平均充电时间评分标准。平均充电时间与电动汽车电池性能和汽车到站时的 SOC 状态有直接关系，直流充电根据电动汽车动力电池性能的不同，充电时间一般在 20~60min。因此将 a_1、a_2 的值分别设定为 20 和 60，其评分标准见表 9-13

$$\mu(T_{\text{char}}) = \begin{cases} 1 & T_{\text{char}} \leqslant 20 \\ \dfrac{60 - T_{\text{char}}}{60 - 20} & 20 < T_{\text{char}} < 60 \\ 0 & T_{\text{char}} \geqslant 60 \end{cases} \tag{9-31}$$

表 9-13 平均充电时间评分标准

等级	平均充电时间（min）	评分
优	(0, 26]	(0.85, 1.00]
良	(26, 32]	(0.70, 0.85]
中	(32, 36]	(0.60, 0.70]
合格	(36, 44]	(0.40, 0.60]
差	(44, ∞]	(0, 0.40]

值得注意的是，以上评分标准并不是一成不变的，可以根据今后充电站运营的经验积累对上述评分标准值进行修正，以求得到最客观、最科学的评分标准。

2. 单因素模糊评价矩阵的确定

设 $V = \{v_1, v_2, \cdots, v_n\}$（该模型中 n 为 5）为评价等级集合，表示针对各个评价指标，评价者对评价对象可能做出的评价结果的集合。对评价因素集合 U_k 中的各个因素 U_{kl}

按照 V 集合中的 n 个评价等级进行评判，逐个对被评价对象从每个因素上进行量化，确定从单因素来看被评价对象对各个评价等级模糊子集的隶属度，从而得到模糊关系矩阵

$$R_k = (r_{ij})_{m \times n}$$

其中，r_{ij} 表示第 i 个因素对评价等级 v_j 的隶属度。$r_i = (r_{i1}, r_{i2}, \cdots, r_{in})$ 是模糊矢量，称为单因素评价矩阵，用来刻画一个被评价对象（一级指标）在因素 i（二级指标）上的表现。

3. 模糊综合评价结果矢量的确定

利用合适的模糊合成算子，将模糊权矢量 W_k 与模糊关系矩阵 R_k 合成，得到各一级指标的模糊综合评价结果矢量 B_k。由于因素较多，每一因素所得权重较小，为防止信息丢失导致模型失效，这里模糊合成算子取用加权平均型算子，计算公式

$$b_j = \sum_{i=1}^{l}(w_i \cdot r_{ij}) = \min\left(1, \sum_{i=1}^{l} w_i \cdot r_{ij}\right), \quad j = 1, 2, \cdots, n \tag{9-32}$$

式中：b_j 为模糊综合评价结果矢量 B_k 中的元素，表示评价对象隶属于第 j 等级的隶属度；w_i 为模糊权矢量 W_k 中的元素，表示第 i 个评价指标的权重；r_{ij} 表示第 i 个评价指标隶属于第 j 等级的隶属度。

若 $\sum b_j \neq 1$ 则需要对 B_k 进行归一化运算

$$B_k = \frac{B_k}{\sum b_j}, \quad j = 1, 2, \cdots, n \tag{9-33}$$

式中：B_k 为一级指标的模糊综合评价结果矢量；b_j 为模糊综合评价结果矢量 B_k 中的元素，表示评价对象隶属于第 j 等级的隶属度。

4. 综合评价值的确定

最终的模糊综合评价结果矢量计算方式如下

$$B_0 = W \circ \begin{bmatrix} B_1 \\ B_2 \\ \vdots \\ B_k \end{bmatrix} = [w_1, w_2, \cdots, w_k]^{\circ} \begin{bmatrix} B_1 \\ B_2 \\ \vdots \\ B_k \end{bmatrix} = (b_1, b_2, \cdots, b_n) \tag{9-34}$$

式中：B_0 为未归一化运算前的、最终的模糊综合评价结果矢量；W_i 为一级指标权重；$\begin{bmatrix} B_1 \\ B_2 \\ \vdots \\ B_k \end{bmatrix}$ 为一级指标模糊评价结果矢量集合。

然后，对 B_0 进行归一化运算

$$B = \frac{B_0}{\sum b_j}, j = 1, 2, \cdots, n \qquad (9\text{-}35)$$

B 即为最终的模糊综合评价结果矢量。

为减少偏差、保留信息，这里使用加权平均法确定隶属等级

$$V = (1, 0.8, 0.6, 0.4, 0.2) \begin{bmatrix} b_1 \\ b_2 \\ \vdots \\ b_n \end{bmatrix} \qquad (9\text{-}36)$$

V 即为最终的评价值，通过表 9-4 即可确定评价对象的评价等级。

9.3 算 例 分 析

9.3.1 充电站概况

某市 24h 快速充电站配置有 45 台直流充电机、10 台智能交直流一体化充电机，直流充电机额定功率 60kW，智能交直流一体化充电机额定功率 50kW，最大功率可达到 60kW。智能交直流一体化充电机具备两个充电接口，可同时采用直流快充模式和交流快充模式。智能交直流一体化充电机工作效率为 0.90，一般直流充电机充电效率为 93%～95%，补偿后功率因数可以达到 0.99。快充模式下，站内直流充电机和交直流一体化充电机均为一机一充，总计共 55 个乘用车充电工位。

站内办公用电负荷包括：站级监控系统 10kW、电动汽车智能充换电服务网络与运营监控系统 7kW、电气照明 12kW、空调 20kW、办公 3kW、电池检测及维护 60kW 等。站内配套建设 2500kVA 干式变压器两台，电压等级为 10/0.4kV。整个充电站占地面积 3196m²，包括站房、罩棚、营业厅（便利店等），日均服务车辆约 208 辆，其中，大型车、中型车和小型车的比例大概为 1∶1.5∶74。

充电站年总用电量 4038257.8kWh，充电设备年输出电量 2830264.75kWh；季不均衡系数为 0.83；尖峰负荷持续时间 90%P_{max} 为 87h，95%P_{max} 为 26h、97%P_{max} 为 12h；年度充电计划完成率 113%；图 9-13 为该充电站某典型日负荷曲线，其最大负荷为 708.17kW，最小负荷为 52kW，平均负荷为 460.99kW。

站内充电设备平均无故障时间 MTBF≥17000h，平均故障修复时间 MTTR≤0.5h。环境噪声 40dB 时，在水平 1m 处测得充电机噪声 60dB，用户平均排队时间为 10min，平均充电时间 30min。

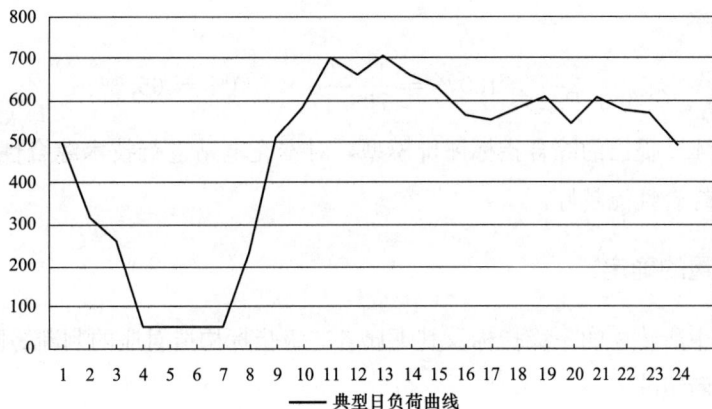

图 9-13　快充电站典型日负荷曲线

由以上数据可计算以下指标值：

设备利用小时数

$$T_{utl} = \frac{W_{char}}{P_{cap}} = \frac{4038257.8}{45 \times 60 + 10 \times 50} = 1261.96(h)$$

平均负荷系数

$$\lambda_{avg} = \frac{P_{avg}}{P_e} = \frac{460.99}{45 \times 60 + 10 \times 50} = 0.144$$

需用系数

$$\lambda_{need} = \frac{P_{max}}{P_e} = \frac{708.17}{45 \times 60 + 10 \times 50} = 0.221$$

站用电率

$$C = \frac{W_{total} - W_{use}}{W_{total}} \times 100\% = \frac{4038257.8 - 3144737.8}{4038257.8} \times 100\% = 22.13\%$$

单位面积输出电量

$$W_m = \frac{W_{char}}{S_{char}} = \frac{2830264.75}{3196} = 885.56(kWh/m^2)$$

单枪输出电量

$$W_q = \frac{W_{char}}{N_q} = \frac{2830264.75}{55} = 51459.36(kWh)$$

设备可利用率

$$B = \frac{MTBF}{MTBF + MTTR} \times 100\% = \frac{17000}{17000 + 0.5} \times 100\% = 99.997\%$$

典型日峰谷差率

$$\lambda_{gap} = \frac{P_{max} - P_{min}}{P_{max}} \times 100\% = \frac{708.17 - 52}{708.17} \times 100\% = 92.46\%$$

典型日负荷率

$$\lambda_{\text{load}} = \frac{P_{\text{avg}}}{P_{\text{max}}} \times 100\% = \frac{460.99}{708.17} \times 100\% = 65.10\%$$

下面将依据 4.2 提出的综合指标评价模型，对本充电站进行技术综合性能评价，得出评分越高，技术综合性能越好。

9.3.2 权重的确定

分别就 9.2 中所建立的一级指标及其下属各二级指标构造对应的判断矩阵如下。

一级指标判断矩阵

$$A = \begin{bmatrix} 1.0000 & 0.3333 & 0.3333 & 0.3333 & 2.0000 \\ 3.0000 & 1.0000 & 1.0000 & 1.0000 & 6.0000 \\ 3.0000 & 1.0000 & 1.0000 & 1.0000 & 6.0000 \\ 3.0000 & 1.0000 & 1.0000 & 1.0000 & 6.0000 \\ 0.5000 & 0.1667 & 0.1667 & 0.1667 & 1.0000 \end{bmatrix}$$

容量评估指标判断矩阵

$$A_1 = \begin{bmatrix} 1.0000 & 2.0000 & 3.0000 & 4.0000 \\ 0.5000 & 1.0000 & 1.0000 & 2.0000 \\ 0.3333 & 1.0000 & 1.0000 & 2.0000 \\ 0.2500 & 0.5000 & 0.5000 & 1.0000 \end{bmatrix}$$

效率指标判断矩阵

$$A_2 = \begin{bmatrix} 1.0000 & 2.0000 & 4.0000 & 4.0000 & 6.0000 \\ 0.5000 & 1.0000 & 2.0000 & 2.0000 & 3.0000 \\ 0.2500 & 0.5000 & 1.0000 & 1.0000 & 2.0000 \\ 0.2500 & 0.5000 & 1.0000 & 1.0000 & 2.0000 \\ 0.1667 & 0.3333 & 0.5000 & 0.5000 & 1.0000 \end{bmatrix}$$

可靠性指标判断矩阵

$$A_3 = \begin{bmatrix} 1.0000 & 3.0000 & 3.0000 \\ 0.3333 & 1.0000 & 1.0000 \\ 0.3333 & 1.0000 & 1.0000 \end{bmatrix}$$

负荷特性指标判断矩阵

$$A_4 = \begin{bmatrix} 1.0000 & 1.0000 & 3.0000 & 2.0000 \\ 1.0000 & 1.0000 & 3.0000 & 2.0000 \\ 0.3333 & 0.3333 & 1.0000 & 0.5000 \\ 0.5000 & 0.5000 & 2.0000 & 1.0000 \end{bmatrix}$$

用户体验指标判断矩阵

$$A_5 = \begin{bmatrix} 1.0000 & 0.1667 & 0.3333 \\ 6.0000 & 1.0000 & 2.0000 \\ 3.0000 & 0.5000 & 1.0000 \end{bmatrix}$$

计算判断矩阵特征根，得到各判断矩阵的最大特征根 λ_{max} 分别为 5.0000、4.0206、5.0133、3.0000、4.0459、3.0000，由此可以对判断矩阵进行一致性检验，得到 CR 分别为 0.0000、0.0077、0.0030、0.0000、0.0172、0.0000，均小于 0.1，表示具有满意或完全一致性，说明权系数的分配是合理的。进而计算最大特征根对应的特征向量如下

$$W = (0.09521, 0.28573, 0.28573, 0.28573, 0.04760)$$
$$W_1 = (0.47855, 0.21658, 0.19658, 0.10829)$$
$$W_2 = (0.45855, 0.22928, 0.12179, 0.12179, 0.06859)$$
$$W_3 = (0.60000, 0.20000, 0.20000)$$
$$W_4 = (0.35620, 0.32500, 0.12510, 0.19370)$$
$$W_5 = (0.10000, 0.60000, 0.30000)$$

从而得到快充设施技术综合性能各级评价指标的权重见表 9-14，所示权重也表示各项指标的重要性排序。

表 9-14　　　快充设施技术综合性能两级评价指标及其权重

一级指标	一级指标权重	二级指标	二级指标权重
容量评估指标 U_1	0.09521	设备利用小时数 U_{11}	0.47855
		平均负荷系数 U_{12}	0.21658
		需用系数 U_{13}	0.19658
		站用电率 U_{14}	0.10829
效率指标 U_2	0.28573	充电效率 U_{21}	0.45855
		功率因数 U_{22}	0.22928
		单位面积输出电量 U_{23}	0.12179
		单枪输出电量 U_{24}	0.12179
		充电计划完成率 U_{25}	0.06859
可靠性指标 U_3	0.28573	平均无故障时间 U_{31}	0.60000
		平均故障修复时间 U_{32}	0.20000
		设备可利用率 U_{33}	0.20000
负荷特性指标 U_4	0.28573	典型日峰谷差率 U_{41}	0.35620
		典型日负荷率 U_{42}	0.32500
		季不均衡系数 U_{43}	0.12510
		尖峰负荷持续时间 U_{44}	0.19370
用户体验指标 U_5	0.04760	噪声 U_{51}	0.10000
		平均排队时间 U_{52}	0.60000
		平均充电时间 U_{53}	0.30000

9.3.3 指标隶属度的确定

依据给出的指标隶属度确定方法，分别确定各二级指标的隶属度如下。

容量评估指标隶属度见表 9-15。

表 9-15　　　　　　　　　　　容量评估指标隶属度

评语等级	优	良	中	合格	差
设备利用小时数	0	0.7	0.2	0.1	0
平均负荷系数	0.2	0.3	0.3	0.1	0.1
需用系数	0.3	0.3	0.2	0.2	0
站用电率	0.1	0.2	0.3	0.2	0.2

效率指标隶属度见表 9-16。

表 9-16　　　　　　　　　　　效　率　指　标　隶　属　度

评语等级	优	良	中	合格	差
充电效率	0	1.0	0	0	0
功率因数	1.0	0	0	0	0
单位面积输出电量	0.6	0.3	0.1	0	0
单枪输出电量	0.7	0.1	0.2	0	0
充电计划完成率	0.8	0.2	0	0	0

可靠性指标隶属度见表 9-17。

表 9-17　　　　　　　　　　　可　靠　性　指　标　隶　属　度

评语等级	优	良	中	合格	差
MTBF	0	0	0	0	1
MTTR	1	0	0	0	0
设备可利用率	0	1	0	0	0

负荷特性指标隶属度见表 9-18。

表 9-18　　　　　　　　　　　负荷特性指标隶属度

评语等级	优	良	中	合格	差
典型日峰谷差率	0.5	0.3	0.2	0	0
典型日负荷率	0.8	0.1	0.1	0	0
季不均衡系数	0.7	0.1	0.2	0	0
尖峰负荷持续时间	0.8	0.1	0.1	0	0

用户体验指标隶属度见表 9-19。

表 9-19   用户体验指标隶属度

评语等级	优	良	中	合格	差
噪声	0	0	0	0	1
平均排队时间	1	0	0	0	0
平均充电时间	0	1	0	0	0

9.3.4 综合评价结果的确定

1. 模糊综合评价结果矢量的确定

依据上述各指标隶属度，确定模糊关系矩阵如下。

容量评估指标

$$
R_1 = \begin{bmatrix} 0 & 0.7 & 0.2 & 0.1 & 0 \\ 0.2 & 0.3 & 0.3 & 0.1 & 0.1 \\ 0.3 & 0.3 & 0.2 & 0.2 & 0 \\ 0.1 & 0.2 & 0.3 & 0.2 & 0.2 \end{bmatrix}
$$

效率指标

$$
R_2 = \begin{bmatrix} 0 & 1.0 & 0 & 0 & 0 \\ 1.0 & 0 & 0 & 0 & 0 \\ 0.6 & 0.3 & 0.1 & 0 & 0 \\ 0.7 & 0.1 & 0.2 & 0 & 0 \\ 0.8 & 0.2 & 0 & 0 & 0 \end{bmatrix}
$$

可靠性指标

$$
R_3 = \begin{bmatrix} 0 & 0 & 0 & 0 & 1 \\ 1 & 0 & 0 & 0 & 0 \\ 0 & 1 & 0 & 0 & 0 \end{bmatrix}
$$

负荷特性指标

$$
R_4 = \begin{bmatrix} 0.5 & 0.3 & 0.2 & 0 & 0 \\ 0.8 & 0.1 & 0.1 & 0 & 0 \\ 0.7 & 0.1 & 0.2 & 0 & 0 \\ 0.8 & 0.1 & 0.1 & 0 & 0 \end{bmatrix}
$$

用户体验指标

$$
R_5 = \begin{bmatrix} 0 & 0 & 0 & 0 & 1 \\ 1 & 0 & 0 & 0 & 0 \\ 0 & 1 & 0 & 0 & 0 \end{bmatrix}
$$

利用加权平均型算子计算模糊综合评价结果矢量 B，则五项一级指标的评价向量如下所示。

容量评估指标的评价向量

$$B_1 = W_1 {}^{\circ} R_1 = (0.47855, 0.21658, 0.19658, 0.10829) {}^{\circ} \begin{bmatrix} 0 & 0.7 & 0.2 & 0.1 & 0 \\ 0.2 & 0.3 & 0.3 & 0.1 & 0.1 \\ 0.3 & 0.3 & 0.2 & 0.2 & 0 \\ 0.1 & 0.2 & 0.3 & 0.2 & 0.2 \end{bmatrix}$$

$$= (0.1131, 0.4806, 0.2325, 0.1305, 0.0433)$$

归一化后，$B_1 = (0.11, 0.49, 0.23, 0.13, 0.04)$。

效率指标的评价向量

$$B_2 = W_2 {}^{\circ} R_2$$

$$= (0.45855, 0.22928, 0.12179, 0.12179, 0.06859) {}^{\circ} \begin{bmatrix} 0 & 1.0 & 0 & 0 & 0 \\ 1.0 & 0 & 0 & 0 & 0 \\ 0.6 & 0.3 & 0.1 & 0 & 0 \\ 0.7 & 0.1 & 0.2 & 0 & 0 \\ 0.8 & 0.2 & 0 & 0 & 0 \end{bmatrix}$$

$$= (0.4425, 0.5210, 0.0365, 0, 0)$$

归一化后，$B_2 = (0.44, 0.52, 0.04, 0, 0)$。

可靠性指标的评价向量

$$B_3 = W_3 {}^{\circ} R_3 = (0.60000, 0.20000, 0.20000) {}^{\circ} \begin{bmatrix} 0 & 0 & 0 & 0 & 1 \\ 1 & 0 & 0 & 0 & 0 \\ 0 & 1 & 0 & 0 & 0 \end{bmatrix}$$

$$= (0.2000, 0.2000, 0, 0, 0.6000)$$

归一化后，$B_3 = (0.20, 0.20, 0, 0, 0.60)$。

负荷特性的评价向量

$$B_4 = W_4 {}^{\circ} R_4 = (0.35620, 0.32500, 0.12510, 0.19370) {}^{\circ} \begin{bmatrix} 0.5 & 0.3 & 0.2 & 0 & 0 \\ 0.8 & 0.1 & 0.1 & 0 & 0 \\ 0.7 & 0.1 & 0.2 & 0 & 0 \\ 0.8 & 0.1 & 0.1 & 0 & 0 \end{bmatrix}$$

$$= (0.6806, 0.1712, 0.1481, 0, 0)$$

归一化后，$B_4 = (0.68, 0.17, 0.15, 0, 0)$。

用户体验指标的评价向量

$$B_5 = W_5 \circ R_5 = (0.1000, 0.6000, 0.3000) \circ \begin{bmatrix} 0 & 0 & 0 & 0 & 1 \\ 1 & 0 & 0 & 0 & 0 \\ 0 & 1 & 0 & 0 & 0 \end{bmatrix}$$

$$= (0.6000, 0.3000, 0, 0, 0.1000)$$

归一化后，$B_5 = (0.60, 0.30, 0, 0, 0.10)$。

综合指标的评价向量

$$B = (B_1, B_2, B_3, B_4, B_5)^{\mathrm{T}} \tag{9-37}$$

$$B' = W \circ B$$

$$= (0.09521, 0.28573, 0.28573, 0.28573, 0.04760) \circ \begin{bmatrix} 0.11 & 0.49 & 0.23 & 0.13 & 0.04 \\ 0.44 & 0.52 & 0.04 & 0.00 & 0.00 \\ 0.20 & 0.20 & 0.00 & 0.00 & 0.60 \\ 0.68 & 0.17 & 0.00 & 0.00 & 0.00 \\ 0.60 & 0.30 & 0.00 & 0.00 & 0.10 \end{bmatrix}$$

$$= (0.4183, 0.3146, 0.0743, 0.0124, 0.1803)$$

归一化后，$B' = (0.42, 0.32, 0.07, 0.01, 0.18)$。

2. 综合评价值的计算

$$V_1 = 1 \times 0.11 + 0.8 \times 0.49 + 0.6 \times 0.23 + 0.4 \times 0.13 + 0.2 \times 0.04 = 0.70$$

$$V_2 = 1 \times 0.44 + 0.8 \times 0.52 + 0.6 \times 0.04 + 0.4 \times 0 + 0.2 \times 0 = 0.88$$

$$V_3 = 1 \times 0.20 + 0.8 \times 0.20 + 0.6 \times 0 + 0.4 \times 0 + 0.2 \times 0.60 = 0.48$$

$$V_4 = 1 \times 0.68 + 0.8 \times 0.17 + 0.6 \times 0.15 + 0.4 \times 0 + 0.2 \times 0 = 0.91$$

$$V_5 = 1 \times 0.60 + 0.8 \times 0.30 + 0.6 \times 0 + 0.4 \times 0 + 0.2 \times 0.10 = 0.86$$

由上述计算可知，对照表 9-4 的评价分级标准可得该充电站容量评估指标评价结果为"中"，效率指标评价结果为"优"，可靠性指标评价结果为"合格"，负荷特性指标评价结果为"优"，用户体验指标评价结果为"优"，而对总体的综合评判分值为

$$V = 1 \times 0.42 + 0.8 \times 0.32 + 0.6 \times 0.07 + 0.4 \times 0.01 + 0.2 \times 0.18 = 0.76$$

说明该充电站综合指标评价结果为"良"，属于 L2 级。采用加权平均原则得出的结果虽然与最大隶属度原则得到的结果（结果为"优"）有所出入，但此结果较符合实际情况。

参 考 文 献

[1] 刘青，戚中译. 考虑空间运动特性的规模化电动汽车接入电网负荷预测模型［J］. 现代电力，2015
（02）.

[2] 秦焕美，关宏志，殷焕焕. 停车收费价格对居民出行方式选择行为的影响研究——以北京市居民小
汽车、公交、出租车选择行为为例［J］. 土木工程学报，2008（08）.

[3] 赵胜川，王喜文，张羽祥，等. 私家车出行者通勤出行时间价值［J］. 交通运输系统工程与信息，
2009（10）.

[4] 刘晓飞，崔淑梅，谢富鸿，等. 基于停车需求模型的电动汽车 V2G 放电负荷时空分布预测［J］. 电
气工程学报，2015（08）.

[5] 孙丙香，阮海军，许文中，等. 基于静态非合作博弈的电动汽车充电电价影响因素量化分析［J］.
电工技术学报，2016（11）.

[6] 宗刚，李盼道. 停车价格影响因素及停车政策有效性研究［J］. 北京社会科学，2016（01）.

[7] 徐智威，胡泽春，宋永华，等. 基于动态分时电价的电动汽车充电站有序充电策略［J］. 中国电机
工程学报，2014（22）.

[8] 聂亮，郑正仙，张帆. 电动汽车充/换电服务计费方法的研究［J］. 浙江电力，2013（03）：58-60.

[9] 沈珑桓，宋国兵. 电动汽车电池更换服务收费标准研究［J］. 江苏电机工程，2013（03）.

[10] 葛少云，王龙，刘洪，等. 计及电动汽车入网的峰谷电价时段优化模型研究［J］. 电网技术，2013
（08）：2316-2321.

[11] 王建，吴奎华，刘志珍，等. 电动汽车充电对配电网负荷的影响及有序控制研究［J］. 电力自动化
设备，2013（08）：47-52.

[12] Corey D. Whitea, K. Max Zhang. Using vehicle-to-grid technology for frequency regulation and
peak-load reduction［J］. Journal of Power Sources，2011，196：3972-3980.

[13] 吴杰康，韩军锋，刘蔚，等. 基于反捕食粒子群算法的电力系统经济调度方法［J］. 电网技术，
2010，36（4）：59-63.

[14] 李纬，张兴华. 一种改进的基于 pareto 解的多目标粒子群算法［J］. 计算机仿真，2010，27（5）：
96-99.

[15] 滕耘，胡天军，卫振林. 电动汽车充电电价定价分析［J］. 交通运输系统工程与信息，2008，03：
126-130.

[16] Schroeder, Andreas, and Thure Traber. The economics of fast charging infrastructure for electric
vehicles［J］. Energy Policy，2012，43：136-144.

[17] 王守东. 设备大修依据——平均有效度［J］. 中国设备工程，2005（05）：8-9.

[18] 徐海明. 电动汽车充电站运行与维护技术［M］. 北京：中国电力出版社，2012.